不要再用錯誤方法教男孩！

增訂版

男孩危機?!

男孩家長必讀手冊

孫雲曉　李文道　編著

責任編輯	俞　笛
書籍設計	鍾文君

———

書　　名	男孩危機?! —— 男孩家長必讀手冊（增訂版）
編　　著	孫雲曉　李文道
插　　圖	Victor Lin（林楊 6歲）
出　　版	三聯書店（香港）有限公司
	香港北角英皇道 499 號北角工業大廈 20 樓
	Joint Publishing (H.K.) Co., Ltd.
	20/F., North Point Industrial Building,
	499 King's Road, North Point, Hong Kong
香港發行	香港聯合書刊物流有限公司
	香港新界大埔汀麗路 36 號 3 字樓
印　　刷	美雅印刷製本有限公司
	香港九龍觀塘榮業街 6 號 4 樓 A 室
版　　次	2011 年 3 月香港第一版第一次印刷
	2017 年 5 月香港增訂版第一次印刷
	2019 年 6 月香港增訂版第二次印刷
規　　格	特 16 開（150 × 210 mm）328 面
國際書號	ISBN 978-962-04-4119-6

目錄

名人談男孩教育

序

導言

5 造就新時代的 "男子漢"
——1R4Q

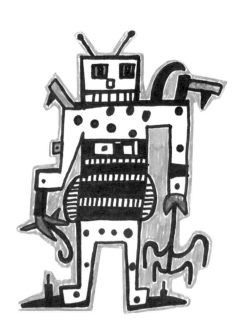

名人談男孩教育

沒有時間教育兒子 —— 就意味着沒有時間做人。

——蘇霍姆林斯基，前蘇聯著名教育家

在所有的動物之中，男孩是最難控制對付的。

——柏拉圖，古希臘哲學家

今天，比起女孩來，男孩陷入更為嚴重的困境……男孩中正出現一種危機，這種危機是我們以前從未見過的。

——杜布森，愛家機構創建人和會長、博士

我們目前的教育體系並不完全適合於男孩的大腦；它將男孩中存在的缺陷、失調和難以控制等情況歸咎於他們不能學習；它堅持認為男孩應該能夠改變，甚至將男孩的無改變能力視為男性性格中的另一缺點，並要求他們接受藥物治療。

——邁克爾・古里安，性別教育專家

男孩正在經受"混亂社會"的各種通病的折磨，在一個充滿變數的社會裏隨波逐流，沒有人幫助他們找到方向。

——威廉・波拉克，哈佛大學心理學教授

現在的女狀元越來越多……為什麼會出現這種情況？我認為有兩個原因：一個是高考的特點有利於女孩的心理特點，女孩相對來説比男孩心細，高考分數也就是心細一點你就拿多一點。另外一個特點就是目前的高考中等難度題為主，也有利於女孩發揮的好。所以女孩應該越來越有自信。

——王極盛，中科院心理所教授

男生和女生的差別是天然的，但是在教育過程中，我們逐漸忽視了這種差別。我們不是說要特意地保護男生或者女生，而是說，教育怎樣能更好地尊重性別差異。

——鍾文芳，上海師範大學教育學院副教授

男孩教育和女孩教育首先是兩種有差異的兒童文化……既然有差異，我們就不能簡單以女孩為標準來衡量男孩，或者反過來以男孩為標準來衡量女孩。

——張華，華東師大教育科學學院教授

讓一個男孩和一個合適的男人在一起，這個男孩永遠不會走上邪路。

——杜布森，美國家庭教育專家

缺乏父愛的男孩會成長為危險男人。

——麥道衛，美國家庭教育專家

"超女"選出來一個"男"的，"好男兒"選出來一個"女"的。

——韓寒，作家

五歲男孩的大腦語言區域發育水平只能達到三歲半女孩的水平。

——美國心理衛生研究所專家組

男孩首先忠誠於其他男孩，女孩則從成人的視角看形勢。

——詹姆士·麥克基，美國學者

序：拯救男孩的關鍵是改變教育

在中國人寫的書中，可能還從來沒有像本書這樣全面而深刻揭示男孩成長的秘密和危機。作為一個從事兒童教育和研究四十餘年的專業人員，我鄭重的向您推薦《男孩危機?!》，這是一本男孩父母和教師開卷有益的書。如果您的孩子年齡在 0-18 歲，這可能是一本不能不讀的書。當然，這也是我的合作者、心理學博士李文道副教授的誠摯建議。

理由不但是極為充分的，而且是極為緊迫的。

讓男孩早上學可能是災難性的選擇

據中央電視臺報道，2009 年 8 月，重慶、濟南等地出現了剖腹產的高峰，因為 "年滿六歲才能入小學" 的年齡限制，急煞了那些在 9 月臨產的孕婦 —— 為了讓孩子不超齡讀書，媽媽們爭先恐後趕在 8 月剖腹產。如 2009 年 8 月 19 日《重慶晚報》報道：

"這個月剖腹產的孕婦確實有點多。"三二四醫院產科醫生說，8 月還未過，該院已接待了 129 名產婦，其中近一半的產婦是剖腹產。8 月下旬的剖腹產最多，目前還有十幾名預約在 8 月二十幾號剖腹產的。醫生說，8 月下旬剖腹產的孕婦預產期大都在 9 月，而要求剖腹產的原因主要有兩種，超過一半的孕婦是趕在 9 月前生產，為了孩子今後入學方便，其餘的則是怕順產的疼痛。

武警重慶總隊醫院產科醫生稱，該院一名孕婦，預產期是 10 月，

"竟要求我們提前一個多月剖腹。"而這名孕婦讓孩子提前出生的原因，也是為了孩子入學。最後，經過醫生的開導和勸解，這名孕婦才很不甘心地離開。醫生介紹，目前已有 14 名孕婦剖腹產。

記者從主城區各大醫院產科了解到，8 月下旬確實是一個剖腹產小高峰，多數家長都是考慮到孩子入學。但醫生提醒，自然分娩的孩子經產道擠壓會更健康聰明。

這個報道讓我聯想起另一件事，近日我應邀在新浪網育兒頻道做節目時，與一些媽媽們討論超常兒童的發現與培養。中國科學院心理研究所的施建農教授是研究超常兒童的專家，他再三說明超常兒童只佔同齡人的 1-3%。讓我驚訝的是，相當多的媽媽相信自己的孩子是超常兒童，即使暫時不達標經過努力培養似乎也可以成為超常兒童。那陣勢，好像半數以上的孩子都要成為超常兒童，儘管這是絕對不可能的。

在討論兒童發展的時候，父母們往往希望孩子儘早入學以求搶佔先機，同時又渴望自己的孩子出類拔萃超過同齡人，卻很少考慮孩子本身發展的可能性。我特別想提醒大家的是，想讓孩子盡可能早入學，想盡一切努力把孩子培養成超常兒童，這對於男孩來說幾乎是災難性的，其結果很可能成為摧殘男孩的悲劇。

從生理學的角度來看，從上學開始的那一天起，男孩在讀寫能力發育上就比女孩晚許多。然而人們往往要求男孩和女孩在相同時間內以同樣的方法學習同樣的知識。男孩甚至連手指神經都比女孩發育得晚，因此讓男孩握住筆並寫出漂亮的漢字更加困難。這些發育上的差異往往使男孩被視作愚笨或遲鈍，這可能使他們從一年級開始就討厭學校。

美國心理衛生研究所專家組指出，五歲男孩的大腦語言區發育水平只能達到三歲半女孩的水平。在整個小學階段，男孩的生理發展和心理發展總體仍落後於女孩。想想看，當同樣年齡的男孩和女孩坐在一起聽老師講話時，誰能理解得更多？誰又能做出更正確的反應呢？

關於男孩為什麼暫時落後，為什麼脆弱不堪，為什麼危機四伏，《男孩危機?!》會告訴讀者朋友太多的秘密。或許可以說，在中國還從來沒有一本書像《男孩危機?!》這樣詳盡揭示男孩成長與教育的深切危機和特殊需求。

當滿懷望子成龍熱望的父母們把寶貝送進學校，他們往往會得到一個難以相信的結果，兒子怎麼什麼都不如別人？居然還成了問題兒童？在小學裏，絕對是女孩的天下，她們聰明乖巧，處事伶俐，成績優異，深受老師喜愛，所以班隊幹部幾乎是清一色的"娘子軍"。即使與男生發生衝突，發育領先的女孩也完全能把男孩打得落花流水，且不說還有諸多計謀是男孩子甘拜下風的。有個小學生問："為什麼現在的女生常常欺負男生？"2009年9月30日，我在新浪博客上以同題文章做了回答，幾天之內竟有五萬多人閱讀。許多博友表示男生常常不如女生在小學和中學都是事實。

正是基於對男孩發育遲於女孩的發現，有些國家已經在嘗試讓男孩晚一年上學，甚至認為這是給男孩最好的禮物。

應試教育是男孩成長危機中最為兇猛的殺手

男孩成長的危機絕非僅僅是生理發育遲緩所致。在《男孩危機?!》書中，我們以翔實的調查研究結果為根據，深入揭示了男孩的學業危機、體質危機、心理危機和社會危機等四大危機，而其原因在於學校教育、家庭教育和流行文化走入誤區。其中，危害最烈的是教育危機，簡言之，以升學考試為中心的應試教育傾向，是男孩成長危機中最為兇猛的殺手，並因此而加劇了所有危機對於男孩的傷害。

　　早在 2005 年夏天，在接受中國青年報記者採訪（見該報同年 8 月 11 日報道）的時候，我就說過："現行教育模式限制了男孩成長。""當一個男孩體內的每一根神經都催促他去跑去跳時，他卻必須坐得端端正正，把手背在後面，聽上八小時的課。這種端坐聽講的模式對男孩女孩來說都不是適合的，但女孩的優勢在於，她們往往比男孩更能忍受。"

　　從生物學角度來說，男孩一天至少需要四次較為充足的課外活動，但事實上能得到一次就算不錯了，因為有些學校出於安全和安靜的考慮，常常禁止學生課間奔跑，甚至拆掉了單槓、雙槓等運動器械，春遊、秋遊或遠足之類的野外活動更不敢組織，社會實踐也是少而又少。這使得男孩們認為學校是一個和他們作對的場所，他們擅長的方面———運動技能、視覺和空間技能，以及他們的勃勃生機，在學校中未能得到很好的承認。學習不佔優勢，特長得不到發揮，性格發展得不到引導。男孩子長期在學校得不到正面的反饋，這將會造成嚴重的傷害。

　　事實上，現代學校教育對身體活動的否定由來已久。美國教育家杜威早就認識到這一問題的危險性，他指出：

　　身體活動在某種程度上變成一種干擾。身體活動被認為和精神活動毫無關係，它使人分心，是應該和它鬥爭的壞事。學生有一個身體，他把身體和心智一起帶到學校。他的身體不可避免的是精力的源泉；這個身體必須有所作為。但是，學生的身體活動，並沒有用來從事能產生有意義的結果的作業，卻被視為令人麻煩的東西。學生應該"專心"做功課，身體活動卻引導學生遠離功課，它們是學生調皮淘氣的根源。學校中"紀律問題"的主要根源，在於教師必須常常花大部分時間抑制學生的身體活動，這些活動使學生不把心思放在教材上。學校很重視寧靜；鼓勵沉默，獎勵呆板一律的姿勢和運動；助長機械地刺激學生的理智興趣的態度。教師的職責在於使學生遵守這些要求，如有違反就要加以懲罰。

顯然，在這樣的教育制度下，受傷害最為嚴重的就是男孩。我們知道，女孩的語言天賦優於男孩，女孩獲得語言、發展語言的年齡較男孩更早，因此，對於以語言為主的學習內容，女孩更容易掌握，對語言為主的教學方式，女孩也更容易適應和接受。而充滿精力的男孩子更傾向於以身體運動和參與體驗的方式學習。性別教育專家邁克爾·古里安認為，男孩的大腦與女孩大腦相比，更多地依賴動作，更多地依賴空間機械刺激。男孩天生更容易接受圖表、圖像和運動物體的刺激，而不易接受單調的語言刺激。如果教師在講課時說得太多，那麼與女性大腦相比，男性大腦更有可能感到厭煩、分心、瞌睡或坐立不安。

“護根”還是“拔根”？捍衛童年還是摧殘童年？

忽視運動、遊戲和各種體驗的傾向，自學校誕生之日起就從未得到根本的改變，應試教育更是將其推向了極致。如教育學博士後、首都師範大學副教授李敏所說，現代學校教育中由於學習的奴役而伴生的遊戲的缺位，是學生最不幸的“拔根”狀態。

什麼叫做“拔根”呢？李敏解釋說，人在世界中的生存需要擁有多重的“根”，不僅有物質上的需要，還有精神上的滿足。人人都需要擁有腳踩大地、堅實穩固的“扎根”的存在感。西蒙娜·薇依在《扎根：人類責任宣言緒論》中說，“扎根也許是人類靈魂最重要也是最為人所忽視的一項需求。”然而，由於學習壓力過重和遊戲權利的被剝奪，當今時代的兒童就處於危險的"拔根"狀態。

其實，作為成年人，我們從自己的親身經歷中，都會對於"扎根"與"拔根"有着深切體驗。比如，我們最快樂的體驗一般不是在課堂上，而往往是在運動和遊戲的時刻；我們最深刻的體驗一般也不是在學習過程中，而是在與親人尤其是與同伴在一起的特殊經歷。

我是在青島長大的。回想自己男孩時代的成長，最為刻骨銘心的體驗幾乎都是在野外的經歷。那是我十一二歲的時候，"文革"動亂加劇，學校多次停課。在離開校園的日子裏，我對鬧什麼革命既不理解也不感興趣，加上父母家教嚴格，總讓我有幹不完的活兒。我幾乎天天出沒於山林或海濱，而謀生也成了我瘋玩的最好理由。

我常常與小夥伴們去趕海。每逢大潮的夜晚，我們便步行十幾里，到落潮的海灘上挖蛤蜊。披星戴月歸來，在父母欣慰的目光注視下，我將成堆的蛤蜊泡進水盆裏，讓牠們吐淨泥土。

有時，我還一手提着咻咻噴火的嘎斯燈，一手握緊鋒利無比的鋼叉，踏着沒膝的海水叉螃蟹和魚。這些收穫自然成了我們家的上等食品，也成了我童年生活少有的驕傲。

我也常常與夥伴們上山。選擇雨後的日子，挎上小竹籃，翻過浮山姑姑廟後的山崗，鑽進茂密的松樹林。那一朵朵蘑菇，金黃肥嫩，誘人之極。採完了蘑菇，又在溪水邊採足了鮮紅的野草莓，再逮上幾隻綠瑩瑩的大肚子蟈蟈，便開始爬山。

我們像壁虎那樣，貼着一塊塊陡峭的岩石，向浮山頂峰爬去。浮山是著名仙境崂山的餘脈，天安門廣場上那座人民英雄紀念碑巨大碑心花崗岩，便是從這裏採集的。我們歷經生死之險，征服了頂峰，豪氣頓生，美美地野餐起來。

　　當我站在高聳入雲的山巔之上，竟萌發了生出雙翅飛向遠方的夢想。那種強烈的慾望，加上我對文學的迷戀，決定了我後來浪跡天涯的選擇。

　　童年是心靈的故鄉，是一生的能源基地。坦率地說，我最為專心致志做的事情就是童年時代那許許多多令人陶醉的遊戲，讓我以極大的興趣投入全部的智慧與體力，從而獲得成年人難以理解的自豪感和自信心。後來，雖然我的學歷不高，卻生活得很充實，並取得不少公認的成就，如出版了《夏令營中的較量》和《孫雲曉教育研究前沿書系》、《孫雲曉教育影響力叢書》等一系列文學和教育作品等等。仔細回味一下，我發現，這些童年的親身體驗正是我生命的根基，其豐富的營養讓我終身受用不盡。

　　當然，時代發展到今天，孩子不可能也不需要完全擁有我那樣的童年，但是，任何時代的孩子都需要豐富多彩的遊戲和猶如一日三餐般重要的運動，特別是男孩對此更有着如飢似渴的需求。美國著名的教育專家杜布森博士告訴我們，睾丸素、血清素和扁桃體等三種生物激素，決定了男性的氣質為什麼與女性生來不同。睾丸素是男孩好動好競爭敢冒險，渴望成為最強壯、最勇敢、最堅毅的男子漢的重要原因。青春期以後，男性身上的睾丸素是女性的 15 倍。請問，哪個家庭和學校可以提供足夠的運動以滿足男孩如此這般的強烈渴求？

　　毫無疑問，男孩危機不僅僅是男孩教育的危機，而是整個教育體制的危機。當以升學考試為中心的應試教育嚴重扭曲學校教育方向而難以一時改變的時候，家庭教育的作用變得格外重要了。也就是說，如果父母接受素質教育的理念和方法，家庭教育就可能是一種“護根”的教育；如果父母信奉應試教育的理念和方法，家庭教育就可能是一種“拔根”的教育。令人擔憂的是，如本文開頭描述的那樣，許多父母變成了“教育狂”，如全國 83.6% 的父母要求孩子考試成績要達到前 15 名，為此目標給孩子報的補習班佔滿了節假日，導致近八成的中小學生學習超時而睡眠不足。

我常常在想，如果學校和家庭都是進行"護根"的教育，那麼，孩子就等於生活在天堂裏，擁有金色的童年；如果學校和家庭只有一方是進行"護根"的教育，那麼，孩子就等於生活在矛盾中，擁有灰色的童年；如果學校和家庭雙方都是進行"拔根"的教育，那麼，孩子就等於生活在地獄，擁有悲慘的童年。

您是不是一個真正愛孩子並且懂教育的父母？您孩子所在的學校是不是一個適合孩子成長的學校？對於孩子生命成長根基的需要是"護根"還是"拔根"，或者說是捍衞童年還是摧殘童年，幾乎可以成為最簡單也最重要的鑒別標準。

愛能改變一切

可以說，男孩危機也是父母危機。正如性別教育專家邁克爾·古里安博士所認為的：導致男孩危機最主要的原因是父母普遍將兒子的教育託付給學校這種工業化體系，而放棄了自己的責任。

但是，我始終相信，愛能改變一切。當父母們和教師們真正意識到男孩危機的時候，如果有足夠的愛心，他們會採取行動來改變現狀。

為了造就真正的新時代的男子漢，拯救男孩的行動需要進一步加強和聚焦。我們在《男孩危機?!》一書中提出，從小培養五個極其重要的男子漢品質，其中，責任心是造就新時代男子漢的基石，學商、體商、情商和逆商則像四支利箭，直指男孩的四大危機。

智慧大師老子說，天下大事必作於細，天下難事必作於易。那麼，父母和教師具體該怎樣拯救男孩呢？在這本升級版的《男孩危機?!》書中，將給男孩父母的建議由 16 條增加到 50 條，並附了一些很實用的測試。我想，最需要的也是完全可以做到的有以下三條，一是改變對男孩的態度；二是充分發揮父親的作用；三是把男孩教育與運動教育緊密結合起來。

一、改變對男孩的態度

父母與教師要努力做到三個改變，改變看待男孩的視角：男孩有缺點，也有優點，但更多的是不同於女孩的特點；改變對待男孩的方式：當男孩表現膽怯時，我們不是一味指責男孩，而要讓男孩在接受自己膽怯的基礎上學習如何勇敢，如何成為一個真正的男子漢；改變對男孩的要求，變苛刻為寬容：當男孩在學業上暫時落後時，理解男孩，不放棄對男孩的信心和幫助。

二、充分發揮父親的作用

男孩危機往往與父教缺失密切相關。2008 年，在我們中國青少年研究中心做的中美日韓四國高中生比較研究中發現，當遇到煩惱時，美日韓三國高中生把父母均列為前五位的傾訴對象，而中國的高中生只把母親排在第三位，而把父親排在前五位之外，名列網友之後。可以說，中國的男孩危機的原因之一就是父教危機。

美國父道組織的調查數據顯示，儘管只有 20% 的未成年孩子住在單親家庭中，但預防青少年犯罪工作小組認為，70% 的少年犯出自單親家庭。全國 60% 的強姦犯、72% 的少年兇殺犯、70% 的長期服役犯人來自無父家庭，90% 的無家可歸和離家出走的孩子來自無父家庭，戒毒中心有 75% 的青少年來自無父家庭。

對於父教缺席與男孩犯罪之間的關係，哈佛大學的心理學家威廉·波拉克這樣解釋：在沒有父親的情況下，缺乏對孩子的紀律教育和監督，缺乏教育孩子怎樣做人的機會。父親在幫助男孩控制自己的情感方面起着關鍵作用，如果沒有父親的指導和帶領，男孩遭受的挫折常常導致各種暴力行為和其他各種反社會行為。

　　父親是男孩教育的第一資源，也是最重要的男子漢啟蒙老師。怎樣充分發揮父親的作用呢？首先，父親要以親密朋友的身份回到孩子的身邊，並就如何成為真正的男子漢給兒子做出榜樣。同時，母親以及所有家人要注意維護父親的形象，促進男孩對自己性別角色的認同，激發他對於成長為男子漢的嚮往，鼓勵其勇於在實踐中承擔起自己的責任。

　　三、把男孩教育和運動教育緊密結合起來

　　就像雄鷹需要天空，就像駿馬需要草原，男孩的天性決定了他必須與運動相伴終生。沒有運動就沒有男孩，更沒有男子漢。沒有運動的男孩是有缺憾的男孩。

　　值得明確的是對於運動含義的理解。運動固然可以強身健體，更可以強心健魄，甚至可以成為兒童社會化最有效的途徑。看過體育比賽我們都會明白，所謂運動一定是講標準、講規則、講團隊精神的，因此，運動者必須學會並養成遵守規則、頑強拚搏、密切合作、崇尚榮譽等良好習慣。仔細想想，這些不正是兒童社會化最重要的內容嗎？

　　培養男孩養成運動的習慣，不僅可以強心健體和促進社會化，而且對於順利度過青春期具有特別重大的積極作用。從某種意義上說，男孩教育應當從遊戲和運動開始，而父親是第一責任人，也是最好的教練。

　　當然，女孩也是需要運動的，只是男孩的需要更加強烈。遊戲是運動的一種方式，是特別適合兒童的運動方式。兒童教育從遊戲開始，是比兒童教育從體育開始更精確的說法。隨着男孩長大，運動的強度和難度要相應增加，自然需要較為專業的指導。

　　完全可以相信，只要堅持做到這樣三條，每個男孩都會是健康的、快樂的、向上的，成為真正的男子漢大有希望。當我們的男孩成為強悍的富有責任感和競爭力的男子漢時，不僅僅有利於自己、有利於社會，也會讓女孩深受其益。這些，正是我們在《男孩危機?!》一書探討最為深入的內容。

孫雲曉

2016 年 5 月修改於北京世紀城

導言：拯救男孩正在進行

　　早在 2010 年 1 月，《男孩危機?!》一書的出版就像那個寒冷冬天的一把熱火，點燃了人們對當代中國男孩的關注，整個社會以空前的熱度關注"男孩危機"。"男孩危機"的觀點引發了全國眾多媒體蜂擁而至的報道：

> ➤ 《人民日報》：〈"男孩晚熟"獲研究證明〉。

> ➤ 《光明日報》：〈男孩不宜六歲前入學〉。

> ➤ 《中國青年報》兩篇長篇報道：〈男孩節節敗退是一場教育危機〉、〈男孩正在成為被遺忘的群體〉。

> ➤ 《文匯報》頭版：〈"拯救男孩"，有何高招〉。

> ➤ 《中國教育報》兩個整版：〈對話孫雲曉：拯救男孩不是危言聳聽〉、〈"男孩危機"背後的教育思考〉。

> ➤ 《北京青年報》以"男孩危機"為專題，邀請多位學界知名學者進行了多達七次的學術探討。

> ➤ 《三聯生活週刊》以"拯救男孩"為封面專題，用 22 頁的篇幅探討了男孩危機的現象、原因分析及應對之策。

　　中央電視臺、中國教育電視臺、北京電視臺、中央人民廣播電臺、北京人民廣播電臺等媒體曾多次邀請我們，從不同角度喚醒人們對"男孩危機"的重視。

　　《男孩危機?!》一書的影響還遠及海外：

> ➤ 美國 CNN 電視臺在新聞報道中引述《男孩危機?!》一書的數據和觀點對中國男孩的學業落後現象予以報道。

> 美國《紐約時報》引述《男孩危機?!》的數據探討中國男孩學業落後的現象。

> 新加坡《聯合早報》以《中國大陸男孩女性化日益嚴重》對中國男孩的危機狀況進行報道。

> 新加坡新聞電視臺以"中國男孩危機"為主題對我們進行了專訪。

六年過去了,現在的男孩怎麼樣了呢?

男孩危機:兩會議題

本書所揭示的"男孩危機"現象已經持續成為"兩會"的議題。

2016 年全國兩會:建議男生推遲到 8 歲入學[①]

2016 年兩會期間,全國政協委員、江蘇省政協副主席、南京師範大學副校長朱曉進特別提出了一個建議:男生推遲到八歲入學。

朱曉進委員特別注意到了一個現象,即現在大學裏男女生比例嚴重失調,女生多,男生少。他認為,這與男女生的差異有一定關係。"男女生差異有多方面原因,比如,女生智力發育普遍比男生提前早熟兩年到三年,如果同齡同時入學,往往女生更優秀一些,男生好動愛玩,成績則相對較差,長此以往,自信心容易受打擊。"

朱曉進委員分析說,從思維能力上看,女生好靜,善於記憶和歸納,男生的思維比較跳躍,擅長演繹推理。男女生同齡入學的結果是,女生往

---

① 政協委員朱曉進:建議男生 8 歲入學女生 6 歲入學,http://www.js.xinhuanet.com/2016-03/03/c_11182 16929.htm

往強於男生，尤其在語言的學習上。而高考必考的三門課程中，語言佔了兩門，女生就相對有優勢。他認為，這與男女生的差異有一定關係。

因此朱曉進委員建議：不妨將男生的入學年齡延遲到八歲，女生還是六歲上學，這樣男生可以在六至八歲的時間段釋放天性，好好玩，鍛煉思維能力，上學後就能很好地適應，增強自信心，不至於一入學就輸在起跑線上。

2014 年山東兩會：關注 "男孩危機"

2014 的山東兩會上，山東省人大代表、德州市第五中學校長楊玉華對身邊出現的 "男孩危機" 深感憂慮：越來越多的男孩在學業上陷入困境，心理疾病持續增加，體質和氣質越來越不像男子漢。不僅中小學如此，據調查，大學男生的學業成績也大多落後於女生，近十年來，全國高考狀元中男生的比例呈下降趨勢，長此下去恐會影響到整體民族素質。

楊玉華代表還作了具體的說明："去年我們學校搞學生會競選，男生只有一人進入決賽，而在決賽的演講答辯階段，碩果僅存的這名男生還是被女生 PK 下去。現在的學生會幹部，從主席、副主席到部長、副部長，清一色的女生。"

2012 年全國兩會：關注 "女強男弱"

2012 年 3 月 6 日，全國人大代表、上海市教育發展基金會理事長王榮華在上海團開放日上大聲為 "男孩" 叫屈："2009 年上海對 15 歲中學生進

---

① 山東人大代表關注 "男孩危機"，http://zqb.cyol.com/html/2014-01/19/nw.D110000zgqnb_20140119_5-01.htm

行閱讀能力調查，男生低於女生 40 分，在中考成績上，男生平均比女生低 25 分。”“我國有兩億多的中小學生，按照現行的評價標準，其中 5,000 萬屬於差生，而 5,000 萬差生中 80% 是男生。”

王榮華代表在兩會上鄭重呼籲，希望政府關注在中小學裏出現了“女強男弱”的現象，並提出了四點建議[1]：

首先，不僅“因材施教”，還應確立“因性施教”的教育平等觀，使男生和女生都能發揮各自的性別優勢，克服現代教育無性別差異的單一平等觀；

其次，教育部門要利用智庫力量，積極探索建立新的評價機制和教育模式，以綜合評價代替單一的學業成績評價，將能力評價與成績評價結合起來，讓男生的特點與優勢得到展現和認可；

第三，要逐步改善教師性別比例，鼓勵更多的優秀男性從事教育事業，改變目前中小學師資隊伍性別結構上偏女性化的現狀；

第四，據男生和女生在諸多方面的差異，嘗試進行分性別教學，實現性別發展平衡。

2012 全國兩會：關注男老師缺乏

2012 年 3 月全國兩會期間，全國政協委員邵一鳴特別提出了男老師缺乏對孩子成長的諸多不良影響[2]，並建議在幼兒園和中小學增加男性教師比例。邵一鳴在提案中介紹，我國現階段男女教師比例呈“倒金字塔”結構，幼兒園幾乎沒有男性教師，小學的比例也較少。邵一鳴建議，革新社會傳

---

① 王榮華代表：關注“男孩危機”，http://lianghui.people.com.cn/2012npc/GB/17318013.html。
② 政協委員邵一鳴：增加男教師比例強化“陽剛教育”，http://news.xinhuanet.com/politics/2012lh/2012-03/13/c_111642939.htm。

統觀念，鼓勵更多男性投入到幼兒園及中小學教育行業中；師範院校調整辦學機制，增加男性學生數量。同時，相關部門應該制定優惠措施、傾斜相關政策。

拯救男孩：上海八中"男生班"

上海人是敢為天下先的，這也是海派文化的重要特點。

全國人大代表、上海市教育發展基金會理事長王榮華在兩會上發出重視男孩危機的呼籲後沒過幾天，上海人就開始行動了。2012 年 4 月，上海市教委批准上海八中開設"上海市男子高中基地實驗班"（簡稱"男生班"）。當年自主招收兩個試點班，共 60 名學生，辦學目標確定為培養"浩然正氣、樂學善思"的男生。

上海市開設"男生班"的決定引發了大量的社會爭議。上海一家電視臺邀請我（李文道）去參加一檔討論性節目，在辯論會現場，我有幸見到了上海八中的盧起升校長。盧起升校長明確表示，上海八中設立"男生班"的初衷，就是為了應對"男孩危機"，解決學校"陰盛陽衰"、"男孩女性化"的問題。我們一起分享了有關男孩危機的諸多數據，我們都深度認同：面對男孩危機，教育界應該有所作為。

2012 年 9 月 1 日，上海八中首個"男生班"正式開學，"拯救男孩"行動實驗正式開始。上海的教育又一次走在了前面。

在上海八中的官方網站上，明確地提出了"男生班"的教育策略是"揚長補短"：

男生一般思維活躍，長於運動，動手操作能力強，空間感知能力強，而專注力、協調性、計劃性、語言表達能力等相對較弱。基於這樣的能力差異，我們對基礎型課程、研究型課程和社團活動都進行了更有針對性的調整和優化，以彌補男生的"學業弱勢"，促進其全面發展。同時，在性格養成方面，注重培養男生的獨立性和創造性，以激活其潛能，發展其特長。通過揚長補短，激勵男生對學習充滿自信，對生活更具追求，從而更加健康地成長。

上海八中"男生班"還根據男生特點採用 SMI 的混合學習模式。盧起升校長解釋說，所謂 SMI，是男生三大學習特徵"自主、多維和深度"三個英語詞組的開頭三個字母，它是在線自主學習和教師面授相結合的一種學習模式。上海八中還為"男生班"們量身打造了四大課程：偶像生成、生存體驗、數字達人和差異理解。

這四大課程的設置"很男人"！

➢ "偶像生成"課，展開"東西輝映的人類文明"、"哲學星空"等課題，設定一些具體的中外名人、名家形象，引導男生們樹立正確的偶像觀。

➢ "生存體驗"課，從千米長跑開始；每天清晨 7 點，男生班 60 名學生就喊着洪亮的口號，有節奏地跑步。每個人可以根據自身的情況來調整跑步強度。這樣學生便可以在自己身體素質能力範圍內，更好的享受體育鍛煉帶給身體的好處。

➢ "數字達人"課，提供了一個網絡學習平臺，平臺上有"基礎閱讀、拓展閱讀、基礎視頻和拓展視頻"等四類，每一部分內容中都有學習素材。在學習的過程中，何時進、何時退、何時停都由學生自己掌控，使學習的過程變得更有針對性和自主性。

➢ "差異理解"課，教授比課堂更深的內容。

此外，"男生班"的不少課程順序與普通中學都有所變化。如原本高三才學的立體幾何將前移至高一（下）上，政治課將哲學部分由高三前移至高二，歷史老師考慮增加男生感興趣的軍事戰役方面的史料講解，社團活動開設家電維修、武術等課程。在體育課程方面，男生可以進入學校新的健身房鍛煉。

"男生班"實踐效果如何呢？

"男生班"的實驗取得了豐碩的成果，交出一份令老師和家長滿意的試卷。從開始的月考年級倒數第一，到期末考試名列前茅。在兩個男生班中，一個班五門學科有四門學科平均分全年級第一，另一個班緊隨其後，部分學科平均分居年級第二。"男生班"除了在數理化上明顯領先之外，英語、語文也處於領先狀態。此外，1/6 的男生在科技創新方面獲得了上海市的一等獎，其中三名同學已經獲得交大直推資格。5/6 的男生體能素質有所提高，比如入校測試男子班平均肺活量為 3,700 毫升，第一學期後提升至 4,200 毫升，而普通班男生的平均數值約 4,000 毫升。

因為首創"男生班"並做出突出貢獻，上海八中校長盧起升當選為"2012 上海教育年度新聞人物"。

2013 年，上海八中的男生班擴招，由兩個班 60 名男生擴招為四個班級 120 名學生，增加一倍。2014 年，上海八中盧起升校長在接受記者採訪時表示，他希望把上海八中辦成"男校"。

上海八中的"男生班"，讓我們看到了也感受到了"拯救男孩"的希望。

男孩的四大危機

**任何社會所面對的問題，歸納起來，就是怎樣對待
男人。**

——著名人類學家瑪格麗特·米德

從小學，到中學，再到大學，男生在各級各類教育中的學習
成績正在不斷地落後於女生……"男孩危機"並不僅僅限於
學業，男孩危機的表現是全方位的，其中學業危機、體質危
機、心理危機和社會危機表現最為突出，最為引人關注。

第一章

學業危機

↳ 一、從小學到大學全線告急

從小學到大學,男孩學業全線告急!

在小學和初中階段,男生早就掉隊了:

男生的學習成績差於女生。

男生的課堂紀律更差於女生。

男生的中考成績比女生差。

……

高中階段，男生已"雄風不再"：

高考成績，男生劣勢明顯。

高考狀元，"陰盛陽衰"。

平時成績，優勢喪失。

……

在大學，男生劣勢進一步凸顯：

國家獎學金：絕對"陰盛陽衰"。

學習成績：男生遜色不少。

大學校園，女生超過"半邊天"。毫不誇張地說，中國男孩的學業正在節節敗退。

我們認為，學業危機是中國男孩的第一大危機，其表現最為明顯，其影響最為深遠！

"不管怎樣，我在男生裏也是第二名。"

說這話安慰自己的是一個名叫陽陽的男孩，他是北京市海淀區一所小學的四年級學生。在一次期末考試中，他的成績在班上排第 12 名。因為沒能進入前 10 名，他再次與三好生評選無緣。

上海市一名五年級小學男生也對男生在學校的處境有比較清醒的認識[1]：

我覺得我們普遍存在陰盛陽衰的現象！不信，你看看我們班，全班大大小小 52 個人，從小隊長到大隊長，只有我一個男生胳膊上別了個紅槓槓。每次開隊幹部會，除我之外，滿屋子都是"娘子軍"。如果我的意見和她們不一樣，我連個幫腔的都沒有，還會遭到她們的嘲笑！即使我有理，在她們唧唧喳喳的吵鬧中，我也毫無立足之地。所以，有時候，我的處境真是"慘不忍睹"。因此，我希望我們男生能夠振作起來，改變我們這種"屈辱"的面貌。男生們，站起來吧，不要甘心生活在"女子政權"下……

2012 年上海市一項調查發現[2]：男生弱化現象嚴重。該調查在上海市中心城區、近郊和遠郊共抽取了 7 所學校，對其中 21 個小學班級、24 個初中班級的全體 1,500 多名同學進行了調查，結果讓人感到不安：一、女生各科

---

① 丁鋼主編，中國教育：研究與評論，教育科學出版社，2004。
② 周海旺、嚴善平、周安芝，中小學男生相對弱化問題研究——以上海為例，社會科學，2012 年第 12 期。

成績分數都好於男生；二、女生比男生更願意追求高學歷。

　　另一項對上海市 600 名中小學生的抽樣調查表明[1]：在語文、數學兩門主課上，無論是平均分還是及格率，女生均保持絕對優勢，其中 2001、2002 年兩年中，男女生的及格率差距均超過 20%。

　　以上兩個男生絕非個案。對廣東省 301 名中小學教師的調查發現[2]：在這些教師所帶的班級中，最近一次本學科考試成績排在前 10 名的學生中，女生顯著多於男生，倒數後 10 名的學生中，男生顯著多於女生；語文、數學、英語三科總成績在班級中位於前 25% 的學生人數，女生也顯著多於男生，後 25% 的學生人數，男生顯著多於女生；班隊幹部中，女生的人數顯著多於男生；三好學生的人數，女生顯著多於男生。

　　城市如此，鄉村也是如此。對湖南省邵陽城區、邵陽郊區、邵陽縣等地的多所中小學的抽樣調查發現[3]：從小學到初中，男生的總成績顯著落後於女生。

　　平時成績男生落後，更具代表性的中考成績也落後。多項研究表明：多個省市的中考成績均呈現出男弱女強的明顯態勢。

　　在上海市，2007-2009 連續三年，男生的平均成績比女生低約 20 分[4]：

　　2007 年，男生平均分比女生低 17.60 分；

　　2008 年，男生平均分比女生低 19.50 分；

　　2009 年，男生平均分比女生低 21.35 分。

---

① 丁鋼主編，中國教育：研究與評論，教育科學出版社，2004。

② 許思安、張積家，教師的性別角色觀："陰盛陽衰"現象的重要成因，華南師範大學學報（社會科學版），2007 年第 4 期。

③ 趙永華，小學至初中階段男女生學習成績差異原因及其克服途徑，理論觀察，2000 年第 4 期。

④ 徐敏，一個男孩眼中的"男孩危機"，解放日報，2010 年 4 月 22 日。

不僅僅是學習成績，男生在學校的整體表現也全面落後於女生：

2008 年，北京市小升初試行優秀生推薦入學政策，在被推薦的優秀生中，女生的比例明顯高於男生，一些學校男女比例超過 1：2，甚至更高。

上海某小學各年級學生幹部、三好學生、積極分子的男女比例分別是：少先隊大隊委員 1：8、中隊委員 1：5、三好學生 1：5、各類積極分子 1：6。

浙江省一項調查結果顯示：在小學階段 60% 的男生自愧不如女生能幹，學生幹部中男生只佔 15%，各項活動中只有 10% 的男生表現較好。

男生在學校裏更不受歡迎，男生也更不喜歡學校。我（李文道）做過的一項調查研究發現：男生的同伴評價、教師評價得分顯著低於女生；男孩比女生更不喜歡老師、男生更不喜歡學校，更希望逃避學校這個環境。

不管是老師，還是父母，我們大多數人都能感覺到：無論從學習成績到愛好特長，還是從待人接物到組織活動，女生都比男生出色[1]：

北京一位小學老師在日記中寫道："……我望着剛選出的大隊幹部名單出神，那上面寫着七個女孩和一個男孩的名字。我覺得有些驚訝，

---

① 校園男孩常不如女孩，陽剛教育能否 "拯救男孩"，央視國際，2005 年 8 月 27 日。

不敢相信自己的眼睛，因為眼前這個男女生幹部比例與八年前自己剛工作時的情景正好相反。"

上海市大同中學的楊捷老師說："現在學校裏開會領獎，上臺領獎的幾乎全是女孩，頂多一兩個男孩；一個班裏，從班長到團支部書記，再到學習委員，也都是女生，偶爾會有個別男生比較優秀，但也只是那種聽話、幫老師幹活的男生，而不是很有抱負、很有理想的男生。"

上海市一位小學四年級男孩的母親章女士打電話給一個教育熱線說，可能是由於孩子平時太淘氣，兒子從小學一年級起就沒在班級和少先隊裏當過幹部。兒子所在學校的班隊幹部中大部分是女生，男生當班隊幹部的機會很少，她建議學校能不能採取一些措施，讓小學選班隊幹部"男女平等"。

成都市青羊區東城根街小學賀老師說："處於小學階段的男孩也有一些成績非常優秀的，不過整體來看成績優秀的女孩子還是佔了很大的比例。"

從這些言語中，我們感受到的是人們對男生不斷落後的深深憂慮。

（二）高中，男生"雄風不再"

傳統上男生佔有優勢的高中，男生也已經雄風不再了。

高考成績，男生劣勢明顯

高考成績算是學習成績最權威的指標了。多項調查均顯示：男生的高考成績明顯落後於女生。

對 2001、2002 年浙江省高考成績的統計分析發現[1]：

2001 年，男生總成績平均分比女生低 6.61 分，及格率低 2.61%。
2002 年，男生總成績平均分比女生低 11.3 分，及格率低 4.87%。

對浙江省紹興市區 2002-2006 年高考成績的統計分析表明[2]，男生的文理科成績均明顯低於女生：

2002 年，文科男生比女生差 11.69 分，理科男生比女生差 13.19 分。
2003 年，文科男生比女生差 20.63 分，理科男生比女生差 4.93 分。
2004 年，文科男生比女生差 19.38 分，理科男生比女生差 9.28 分。
2005 年，文科男生比女生差 47.67 分，理科男生比女生差 12.97 分。
2006 年，文科男生比女生差 23.46 分，理科男生比女生差 8.31 分。

特別值得注意的，2005 年，男生的文科平均成績比女生竟然低 47.67 分！

① 錢國良，高考"陰盛陽衰"現象透視，今日早報，2003 年 6 月 23 日。
② 徐志偉，析"女生學業優勢"現象，上海教育科研，2007 年第 11 期。

高考狀元，男生"狀態低迷"

有些人認為，即使女生的平均分比男生高，學習特別好的也是男生多，這種觀點已經過時了。當然，我們從不主張宣揚高考狀元，但是作為高考成績最優秀群體的代表，對這一群體的研究能很鮮明地看到男生落後的現實：

2000 年，北京大學錄取的狀元中，女生佔 55.9%；2001 年狀元女生佔 65.6%。

2002 年，北京大學錄取的 36 名文科狀元中，女生 28 位；理科 8 名狀元，男女各半。

在北京市和上海市，從 2006-2008 年連續三年的文、理科狀元均為女生。

在重慶市，自 2000-2008 年，連續九年的 19 名高考狀元中，僅有 4 名是男生。

如果說這些數據只是個別省份的的狀況，那麼我們下面就來看看全國性的數據，它們更具有說服力。我們對 1999-2008 年的全國高考狀元的男女比例進行了統計，結果表明：

從 1999-2008 年，高考狀元中男生的比例由 66.2% 下降至 39.7%；女生的比例則相應由 33.8% 上升至 60.3%（見圖 1）。

在文科高考狀元中，男生的比例由 1999 年的 47.1% 降至 2008 年的 17.9%，成自由落體式下降，女生則由 52.9% 增長到 82.1%，如火箭般直飛雲天。

即使是在傳統上被認為男生佔優勢的理科，高考狀元中男生的比例

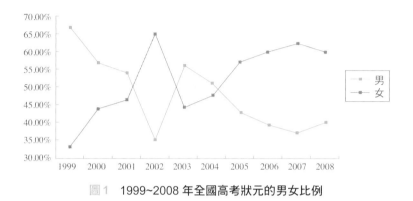

圖 1 1999~2008 年全國高考狀元的男女比例

也在逐年下降：1999 年男生佔到 86.1%，到 2008 年這一比例已經下降到 60.0%，而女生理科狀元則相應地由 13.9% 增長到 40.0%[1]。

高中男生，傳統優勢喪失？

高考成績，男生落後，那麼平時成績怎麼樣呢？對重慶市 26 所中學 6,539 名高中生會考成績的統計分析發現[2]：

（1）女生的學習成績總分顯著高於男生。男生總分平均分為 624.27，女生總分平均分為 632.28。

（2）學習最好的女生多，學習最差的男生多。如果根據分數高低將學生劃分為高、中、低三個分數段，那麼男生處於高、中、低分段的人數比例分別為 7%、79.4%、13.6%，而相應的女生比例則分別為 10%、80%、10%。從數據可以看出：女生在高分段的人數比例顯著高於男生，而在低

---

① 以上高考狀元統計結果不包括西藏與港澳臺地區。

② 吳嵐，高中學生學業成績的性別差異及教育對策研究，西南師範大學碩士學位論文，2002 年。

分段的人數比例則顯著低於男生。

（3）女生的優勢科目是男生的兩倍。在具體科目成績比較上，除了在傳統的文科（語文、英語、政治、歷史）上女生成績顯著高於男生以外，在數學和生物這兩門男生的傳統強項上，女生得分也顯著高於男生。男生佔優勢的科目只剩下三門——即物理、化學和地理，而女生佔優勢的科目卻多達六門——政治、語文、數學、生物、歷史和英語。從數量上看，女生的優勢科目是男生的兩倍。

大量客觀的數據和事實已經清清楚楚地告訴我們，男孩在學業上真的落後了，而且是大幅落後，不是某一方面的落後，而是整體性的落後。

（三）大學，男生劣勢更趨明顯

國家獎學金：絕對"陰盛陽衰"

獎學金是對大學生在校表現的綜合評定，學習成績是其決定因素。國家獎學金是我國最高水平的大學生獎學金，除 8,000 元的高額獎金之外，更是一份難得的榮譽。我們分析了連續五個年度國家獎學金獲獎者名單，在這份名單中，男生的表現怎麼樣呢？

連續五個年度，男女獲獎比例基本穩定為 1：1.5，大學男生的學業落後狀況可見一斑。

男生在獲國家獎學金比例上具有"壓倒性"的劣勢，是不是值得我們深思？

校內獎學金，巾幗不讓鬚眉

國家獎學金情況如此，那麼各個高校的校級獎學金男女比例是多少

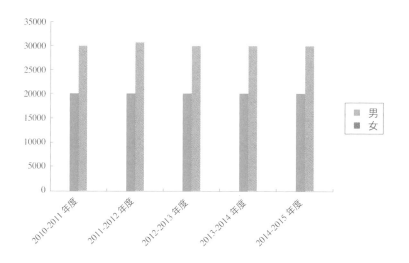

圖 2　男女大學生獲國家獎學金人數

呢？很多研究對此做了統計，我們檢索到的研究均表明：在各級獎學金獲得上，大學男生也顯著處於落後的狀態。

對 34 所高校 2003 級畢業生的調查發現[1]：女生獲獎學金的比例為 57.3%，顯著高於男生的 42.7%。

在安徽師範大學和皖南醫院學院 1995-2000 年的全體大學生中[2]，儘管女生人數遠遠少於男生人數，但女生獲獎學金人數、比例均遠遠高於男生。

濟寧醫學院臨床學院 2005 級學生[3]：第一學期男生獲獎學金的人數佔所有獲得獎學金人數的 33.4%，第二學期佔 18.6%，第三學期佔 19.6%。

① 文東茅，我國高等教育機會、學業及就業的性別比較，清華大學教育研究，2005 年第 5 期。
② 姚本先、陶龍澤，大學生學業成就的性別差異研究，教學研究，2004 年第 6 期。
③ 強景、張一夢、左振，濟寧醫學院男生"學業劣勢"現象探析，科技創新導報，2008 年第 2 期。

　　一項涵蓋武大、中科大等全國 18 所高校的調查顯示[1]：男生在獲獎學金的比例方面落後於女生。

學習成績，男生更遜色

　　在學習成績各項指標的直接較量上，男生也遠遠落後於女生：

　　對重慶市多所大學的調查表明[2]：女生的學習成績極其顯著地高於男生。

　　成績排名靠前的女生多，排名靠後的男生多。對全國 34 所大學 2003 級畢業生的調查表明[3]：學習成績前 25 的男生比例為 31.2%，女生為 44.9%，學習成績後 25 的男生比例為 7.7%，女生為 2.5%。

　　男生的不及格率遠遠高於女生。濟寧醫學院臨床學院 2005 級的男生：第一學期男生不及格人次佔所有不及格人次的 71.3%，第二學期佔 78.4%，第三學期佔 79.1%。對浙江大學某校區某一學期 21 個班的成績統計表明[4]：男女生不及格的比例存在顯著性別差異，男生中有不及格者佔 30.6%，而女生中只有 12.0%。

　　英語成績更不用說，不管是英語專業還是非英語專業大學生，男生英語成績顯著落後於女生。

大學，女生超過 "半邊天"

　　如果獎學金比例反映的是學業 "質量" 指標，那麼，在校大學生人數

① 楚天都市報，高等教育性別求平等　男女大學生差異縮小，2004 年 8 月 23 日。
② 彭文波、劉電芝，高新技術專業大學生學習狀況、發展目標及影響因素的性別差異研究，西南師範大學學報（自然科學版），2002 年第 2 期。
③ 文東茅，我國高等教育機會、學業及就業的性別比較，清華大學教育研究，2005 年第 5 期。
④ 孫建平等，大學生學習成績實證分析，高等農業教育，2001 年增刊。

可以被看做是學業 "數量" 指標。數據顯示：大學校園裏女生的數量正穩步地增加，女生所佔比例已經超過男生。

　　教育部的統計數字顯示[1]：2013 年，大學新生的男女比例為 45：55，男生比女生低 10%。

　　教育部的統計數據表明：1997 年，全國普通高等院校在校生中女大學生的比例僅為 37.32%，到 2014 年，女生比例已增至 52.12%，女生比例正在穩定地上升[2]：

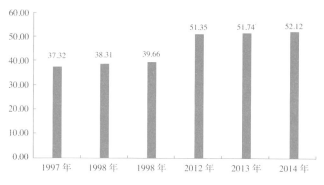

圖3　女大學生所佔比例變化（%）

　　女碩士生所佔比例也在持續上升之中，由 1997 年的 33.83% 上升為 2014 年的 51.65%[3]：

---

① http://www.moe.gov.cn
② http://www.moe.gov.cn
③ http://www.moe.gov.cn

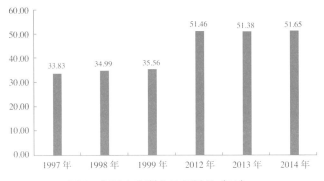

圖 4　女碩士生所佔比例變化（％）

　　女博士生所佔比例也在持續上升之中，由 1997 年的 18.52% 上升為 2014 年的 36.93%，幾乎翻倍。按照國外發達國家的經驗，女博士數量反超男博士，只是個時間問題。

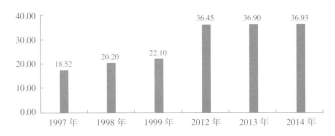

圖 5　女博士生所佔比例變化（％）

　　女大學生、研究生數量的增長一方面讓我們感到欣慰，因為這說明我國在教育性別平等方面取得了巨大的成就，另一方面，我們也對男生的處境感到擔憂，因為照此趨勢發展下去，一種新的性別比例失調將會變得越來越嚴重。

---

① http://www.moe.gov.cn

↳ 二、落後的不僅僅是學業

（一）學業落後，與好工作無緣

"萬般皆下品，唯有讀書高"，中國自古就有"學而優則仕"的傳統，在今天這個強調文憑和專業資格的社會裏，學業成績對一個人能否找到好工作是非常重要的。

某中央機關招聘兩名速錄員，明確要求有碩士學位。在一次人才招聘會上，有招聘者竟打出這樣的廣告："本科生不要不要，碩士生研究研究，博士生歡迎歡迎"。

當今中國，就業競爭壓力越來越大，要找到一份"體面"的工作，一定水平的學歷文憑成了必備條件。學業失敗，拿不到本科或更高的學歷文憑，意味着一輩子可能與一些"好工作"無緣。以公務員為例，雖然最低資格要求是大專學歷，但實際上普遍要求本科或本科以上學歷。要到大學任教，一般需要博士學位。

而且，隨着大學入學率的提高，各行各業在人才使用方面的學歷"高消費"現象日趨嚴重，不少用人單位在招聘時，不以崗位需要為依據，一味追求高層次人才，我國最常見的人才招聘廣告是"35歲以下，碩士以上學歷"。光文憑要求一項，就會把那些學業落後的男孩拒之門外。

（二）學業落後，與低收入為伴

一個人的學歷水平，往往決定了他的收入水平。

　　根據美國 2005 年的統計，一個年輕男人如果沒上過大學，他的收入不到大學畢業生的一半，被解僱的風險比大學畢業生高 3 倍[1]。

　　北京市的調查數據顯示[2]：

　　（1）學歷與收入呈正相關關係，學歷越高，收入越高。2004 年收入最低的是未上過學的群體，他們的年人均可支配收入為 9,049.8 元，收入最高的是研究生群體，人均可支配收入為 23,567.3 元；

　　（2）文化程度較高的群體收入增長較快，文化程度較低的群體收入增長較慢。最高文化群體（研究生）與最低文化群體（未上過學）的收入差距拉大，收入比由 2003 年的 2.1：1 上升到 2.6：1。

　　美國的調查數據表明：戶主的學歷越高，其家庭收入越高[3]：

　　教育程度"少於九年級"的，年均收入為 17,994 美元；

　　高中畢業的，年均收入為 37,545 美元；

　　學士學位畢業的，年均收入為 68,475 美元；

　　碩士學位畢業的，年均收入為 80,516 美元；

　　專業學位畢業的，年均收入為 102,791 美元。

　　而且，隨着社會的發展，越來越多的職業會提出學歷和受教育年限的要求，隨着智力因素在收入比重的增加，不同學歷水平群體之間的收入差距呈逐漸拉大的趨勢。

① 孔令帥，美國高校入學機會平等政策的變化，北京高校網絡圖書館資料。
② 繩國慶，居民收入學歷職業是關鍵，北京統計，2005 年第 2 期。
③ 孔令帥，美國高校入學機會平等政策的變化，北京高校網絡圖書館資料。

（三）學業落後，催生脆弱心理

心理學研究表明，小時候因學業落後甚至失敗記憶所形成的糟糕自我形象往往會困擾一生。最可怕的是：這種落後經歷可能會慢慢演變為一種失敗型的人格，學業失敗的人會自認什麼事情都做不好，不願嘗試，缺乏改變的勇氣。

男孩在校園裏的落後已經對他們造成了嚴重的心靈傷害。由於成績不佳或者調皮搗蛋，男孩常常不受老師喜愛，要麼被忽視，要麼成為批評和懲罰的對象。這讓他們感到洩氣，難以建立對自己的信心，進而對學習、學校，乃至整個社會也喪失興趣。絕大多數這樣的男孩可能在沉默中長大，他們軟弱、缺乏自信、缺乏男子漢氣概。

（四）學業落後，常是犯罪起點

最令人擔心的是 —— 學業落後還常常是違法犯罪的起點。對青少年犯罪的研究表明，青少年犯罪的基本路徑為：成績跟不上 —— 被老師和同學歧視 —— 在學校邊緣化 —— 逃課逃學 —— 接觸不良青年甚至加入團夥 —— 犯罪。

中央綜治辦和中國青少年研究中心全國性的調查表明：有 74.2% 的人在犯罪前是閒散於社會上的未成年人，許多人是在初中畢業前、甚至在小學時離開學校的。據統計，在美國，77% 的青少年犯罪案件都有男性參與，而頻繁發生的校園槍擊事件的兇手大多數都是男性。

第二章
體質危機

1815 年，英國的威靈頓公爵在滑鐵盧大敗拿破崙。這位被譽為“世界征服者的征服者”在戰後這樣說：“這場勝利是從伊頓公學的球場上開始的。”

伊頓公學是英國一所著名的學校，十分重視體育，其運動訓練的宗旨是培養永不服輸、拚搏奮鬥的精神。威靈頓公爵少年時代曾在伊頓公學就讀。

看一個國家少年兒童的體質狀況，就是看這個國家未來的國力狀況，而直接決定其水平的關鍵因素就是體育。

⌐ 一、令人憂心的男孩體質

　　傳統的男子漢形象是力與美的完美結合，男子漢意味着力量，身體素質被看作為男孩或男性的本錢。

　　我們的小男子漢們怎麼樣呢？

　　北京師範大學體育運動學院院長毛振明教授曾用 "軟、硬、笨、暈" 四個字來概括當代中小學生的體質狀況：肌肉越來越軟，關節韌帶越來越硬，小肌肉群不靈活，暈就是前庭器官發育不好，平衡能力不好。

（一）體能危機拉響，拉響警報

北京地壇小學足球隊 0：15 慘敗於俄羅斯少年隊[1]

　　2011 年 10 月 24 日，北京地壇小學足球隊與俄羅斯伊爾庫茨克州少年迪納摩足球隊進行了一場友誼比賽，結果以 0：15 慘敗。據記者的報道，這支俄羅斯小學球隊曾獲 2011 年西伯利亞聯邦區冠軍，實力很強，俄羅斯的小球員均為 "00 後"，而地壇小學隊員是三、四年級和五、六年級的混編球隊，在身高上有優勢，但在體能和技術方面都落後於對手，身材高大的中國學生跑了 20 分鐘就氣喘吁吁……

　　北京地壇小學跟對手可能不在一個水平上，畢竟對手獲得過區冠軍。為了給中國孩子挽回些顏面，10 月 25 日，北京南湖東園小學隊主動約戰俄

---

① 北京地壇小學足球隊 0：15 慘敗俄少年隊，http://js.people.com.cn/html/2011/10/26/41627.html。

羅斯少年隊。南湖東園小學隊曾奪得北京地區小學年齡組冠軍，曾以 30 球以上優勢擊敗地壇小學隊。據說：比賽前，南湖東園小學校長曾信心滿滿地表示一定要贏下對手。結果卻再一次讓國人感到沮喪：南湖東園小學隊最終 3：7 負於俄少年隊。

這兩場比賽的懸殊結果在國內引起了巨大反響。《體壇週報》著名記者王軍隨後在微博裏這樣總結："中國孩子更多的精力放在學習上啦，願意踢球的孩子很少很少。我們同學的小孩都在學奧數，哪天他們都學足球了，中國足球水平的提高就有希望了。"

清華自主招生體測超六成學生不及格，無一人優秀

據 2012 年 3 月 18 日《法制晚報》報道：清華大學 17 日公佈，2011 年報名參加清華自主招生的 1,200 名考生中，超半進行了體質測試。結果顯示，超六成不及格，體測結果無一人優秀。

據了解，體測包括身高、體重、肺活量、握力、臺階運動試驗和立定跳遠六項，男生不及格率比女生高。

清華大學體育部副主任劉敬民告訴記者，臺階測試主要測試心血管系統功能，能反映出學生有沒有長期堅持體育鍛煉，此項不及格率最高。而大部分考生在高三頭半年就不上體育課，更沒有鍛煉身體，所以心肺功能不好。其中，男生的體育運動往往走兩個極端，要麼極愛運動，要麼極不愛運動。不愛運動的在高三更是成了宅男，且肥胖率高於女生，因此不及格率也高於女生。

① http://politics.people.com.cn/GB/1026/17417955.html

運動會成績，一年不如一年

據中國青年報報道[1]：

在 2012 年青島市中小學生田徑運動會的 51 項紀錄中，今年僅有 1 項紀錄（男子 6 公斤鉛球）被成功打破，從而避免了運動會連續 5 年未產生新紀錄的尷尬。此前的一項最新紀錄，產生於 2007 年的男子 7.26 公斤鉛球項目中。

面對比賽成績，青島二中田徑教練、連續六年擔任運動會總裁判長的袁著水滿是憂慮。他告訴記者，青島青少年整體運動水平明顯下降，部分賽事成績"一年不如一年"。

袁著水表示，這 51 項紀錄中的大多數創造於上世紀 90 年代或者 21 世紀初，保持了 10 年到 20 年，個別項目因為參與人數太少，目前已被取消。今年剛被打破紀錄的男子鉛球項目，上一個紀錄還產生於 1999 年。在目前仍繼續進行的比賽項目中，"沉睡"時間最長的紀錄是 1987 年由傅蘊倩創造的女子跳遠項目紀錄，這一紀錄已足足保持了 25 年。

青島市教育局體育衛生與藝術教育處處長李業慶告訴記者，中小學運動會紀錄長期"沉睡"有多方面因素，最根本的在於學生體質的不斷下降。

李業慶透露，有關部門曾在 2010 年對青島 6,000 多名青少年進行過體質調查。結果顯示，青少年身高、體重都有明顯增長，但速度、耐力、柔韌、爆發力等體能素質卻有明顯下降，近視率、肥胖率居高不下。

---

① 丁先明，青島中小學生運動會部分賽事成績一年不如一年，中國青年報，2012 年 11 月 5 日。

青少年體能，令人堪憂

國家教育部《學生體質標準》專家組成員、北京市國民體質監測中心副主任、北京市體育科學研究所研究員周琴璐，用了"現狀令人堪憂"六個字來形容當代青少年的體質狀況：

我們前段時間在遼寧省做過一次大規模的試驗，參加測試的學生有幾千人，從小學五年級到高中三年級。周琴璐對試驗的結果至今心有餘悸，"結果非常令人吃驚！以 1,500 米為例（中學男生測試 1,500 米，引者註），學生大概要跑 10 分鐘！即便如此，在每秒只跑 2.2 米這個極慢的速度上，居然有大概 1／3 的學生心率高達 160 或者 170，大部分是畢業班的學生，初三的，高三的。正常情況下每秒跑 2.2 米，也就比走路的速度稍微快一點，學生跑完 1,500 米的心率根本不應該超過 140。而且我們測血乳酸，就是每毫升血液中乳酸濃度，4 個是正常值，學生們普遍會高達 6 到 8 個。這就是現在青少年體質的現狀。這還沒有讓學生全力跑，如果強度再大一些，像畢業時候的體育測試，跑完以後倒在地上的，捂着肚子喘不上來氣的，每個學校都有很多。如果身體素質差成這樣，怎麼指望這些學生將來成為建設祖國的棟樑？

（二）男孩體質，不容樂觀

上面所提到的不只是一些個別現象，全國性的權威調查數據表明，男孩體質危機是舉國性的危機。

從 2002 年開始，教育部在北京、內蒙古、遼寧、黑龍江、江蘇、福建、河南、湖北、湖南、廣東、雲南、重慶、甘肅、新疆 14 個省（直轄市、自治區）建立了全國學生體質健康監測網絡，每兩年對我國學生的健康狀況進行一次監測並發佈公告。

總體結果表明：中國男孩的體質總體呈逐年下降的趨勢。

中國男孩"矮"於日本男孩

在我們的印象中，日本人是比較矮的，至少比中國人矮，我們習慣有些不屑地說"小日本"，但研究數據表明，日本人的身高正在逐漸超過中國人的身高。據《中日學生身體五項指標的比較研究》的數據[1]：10-18 歲日本男孩的平均身高均超過中國男孩：

9 歲中國男孩身高 132.9 厘米，日本男孩身高 128.8 厘米；

12 歲中國男孩身高 149.1 厘米，日本男孩身高 153.8 厘米；

15 歲中國男孩身高 166.8 厘米，日本男孩身高 168.8 厘米；

18 歲中國男孩身高 170.2 厘米，日本男孩身高 171.0 厘米。

18 歲，意味着一個人的身高基本上穩定下來了，18 歲日本男孩比中國男孩要高 0.8 厘米。

男孩，體質不容樂觀

1985-2005 年間，中國男孩的體質持續下降[2]：

---

① 勤廣，關於中日青少年身高比較的分析報告，哈爾濱體育學院學報，2005 年第 2 期。
② 中國學生體質與健康調研組，2005 年中國學生體質與健康調研報告，高等教育出版社，2007 年。

肺活量，城市男生下降 304 毫升，鄉村男生下降 312 毫升。

下肢爆發力（立定跳遠），城市男生下降 5.18 厘米，鄉村男生下降 3.24 厘米。

力量素質（斜身引體），城市男生下降 3.50 個，鄉村男生下降 0.69 個。

耐力（50 米 × 8 往返跑），城市男生（7-12 歲）慢了 8.88 秒，鄉村男生（7-12 歲）慢了 8.40 秒。

耐力（1,000 米跑），城市男生（13-22 歲）慢了 22.82 秒，鄉村男生（13-22 歲）慢了 17.47 秒。

稍微值得慶倖的是，2010 年統計數據表明，與 2005 年相比，中國孩子的體質有止跌回升的跡象[1]：

肺活量，7-18 歲城市男生提高 89 毫升，鄉村男生提高 94 毫升。

爆發力，7-18 歲城市男生提高 1.03 厘米，鄉村男生提高 0.76 厘米。

男孩，肥胖率、視力不良率持續升高

統計數據表明，中國男孩的肥胖率和超重率在持續上升。

1985-2005 年[2]，7-22 歲城市男生肥胖率由 0.19% 上升至 11.39%，超重率由 1.23% 上升至 13.25；鄉村男生肥胖率由 0.88% 上升至 5.07%，超重率由 3.22% 上升至 8.20%。

2005-2010 年[3]，城市男生肥胖率由 11.39% 上升至 13.33%，超重率由 13.25% 上升至 14.81%；鄉村男生肥胖率由 5.07% 上升至 7.83%，超重率由

---

① 中國學生體質與健康調研組，2010 年中國學生體質與健康調研報告，高等教育出版社，2012 年。
② 中國學生體質與健康調研組，2005 年中國學生體質與健康調研報告，高等教育出版社，2007 年。
③ 中國學生體質與健康調研組，2010 年中國學生體質與健康調研報告，高等教育出版社，2012 年。

8.20% 上升至 10.79%。

男孩，視力不良率持續升高，呈現低齡化趨勢。2005 年[1]，6-22 歲城市男生視力不良率為 57.31%，鄉村男生為 44.88%，城鄉合併為 51.17%。

2010 年的調查數據顯示[2]：

7-12 歲小學男生視力不良率為 40.89%，其中城市男生為 48.81%，鄉村男生為 32.98%。

13-15 歲初中男生視力不良率為 67.33%，其中城市男生為 75.94%，鄉村男生為 58.74%。

16-18 歲高中男生視力不良率為 79.20%，其中城市男生為 84.14%，鄉村男生為 85.30%。

一個更讓人感到擔心的是，視力不良呈現低齡化趨勢[3]：7 歲城市男孩的視力不良率為 32.17%，鄉村男孩的視力不良率為 24.12%，比 2005 分別增加了 8.71 和 10.56 個百分點。

一個又一個數字，是不是一次又一次不斷拉響的警報？

男孩的體質危機，已經現實地擺在我們面前。由男孩的體質危機所引發的諸多影響，是每個人，我們國家，我們社會都不願看到的，其後果也是不能承受的。

① 中國學生體質與健康調研組，2005 年中國學生體質與健康調研報告，高等教育出版社，2007 年。
② 中國學生體質與健康調研組，2010 年中國學生體質與健康調研報告，高等教育出版社，2012 年。
③ 中國學生體質與健康調研組，2010 年中國學生體質與健康調研報告，高等教育出版社，2012 年。

⌐ 二、體質危機，危及一生

（一）體育是"童子功"，錯過難彌補

　　北京師範大學毛振明教授認為體育是一種"童子功"，有些項目過了一定年齡就不可能有好的發展了，有些身體鍛煉過了一定階段，效果就沒有了。

　　男孩體質危機，將威脅到男孩一生的體質狀況，因為錯過了體質發展的敏感期，將來很難得到彌補。所謂敏感期，是指在某一特定時期，某種行為或品質最容易獲得，如果錯過這一時期，這種行為或品質很難再獲得，或者獲得的程度遠遠低於本應達到的水平。研究指出：在敏感期，體育鍛煉對體質的提升最為明顯，可以充分發掘個體的運動潛能。如果錯過這一體質發育的敏感期，將會貽誤終身，即使將來再怎麼努力，個體體質也很難有大的提升。打個比方：如果一個男孩的體質潛能是 100，那麼在兒童青少年期進行科學的適度的體育鍛煉，他的體質潛能可能會達到 90（理想狀態是 100，但幾乎不可能達到）；如果他缺乏體育鍛煉，他的體質潛能可能只有 50，而且，以後再怎麼鍛煉，也不可能達到 90 的水平。

　　在青少年時期，身體各項素質均有一個最快發育時期，也就是"敏感期"。關於"敏感期"，學者薩斯洛夫撰文指出[1]：

---

① F · Suslov，青少年身體素質發展的敏感期，中國體育教練員，2006 年第 1 期。

在身體形態特徵上：男孩的成長最快期要比女孩晚兩年，而在性成熟時身高和體重的最快發展期，女孩則要早於男孩一年或兩年。

在力量特徵上：在約11歲之前最大力量的發展提高速度較小，在16-18歲可以到達發展頂點。力量耐力的最大發展時期是18-20歲。速度力量的最初發展是在7-8歲，其最大發展速度，男孩在14-18歲。

在耐力特徵上：男孩的最大耗氧量都是隨年齡的增長而提高的。有氧能力發展的最敏感時期是在性成熟時期。青少年在12-13歲無氧耐力發展甚微，而到了16-20歲（生理成熟時期）才會有更實質性的發展提高。

在速度特徵上：不同運動中的速度素質發展是從7歲開始的，最快的發展提高是在14-17歲。男孩到了18歲以後還會有進一步發展。肌肉反應速度的最顯著發展是在7-11歲。其中對複雜運動順序反應速度的發展約在11-16歲，而對運動頻率反應速度的發展基本在10-13歲，且18歲之前還會繼續提高。

在協調特徵上：在12-18歲，人體負責"運動控制能力"的神經系統的發展領先於植物功能系統，因此，大多數權威專家認為協調能力發展的最適宜年齡是在這個階段。

教育部體衛藝司司長王登峰表示："很多家長認為，孩子在考上好的大學之前，可以先不要體育鍛煉，等上了大學之後再去補。就目前的狀況來看，很多孩子上了大學之後，也不可能去補體育鍛煉。"

兒童青少年時期，是一個人一生當中速度、力量、柔韌性和靈活性發展的敏感期，一旦錯過這個關鍵時期，很多男孩將極有可能要用一生來承受體質孱弱的惡果。

（二）體質危機，未來堪憂

在很多人心目中都有一副典型的男子漢形象：身體健壯、氣質陽剛、有責任感、意志堅強、有韌性、勇於開拓進取……而體質危機將對這些傳統的男子漢特徵構成威脅。

體質危機，使男孩的身體健壯成為泡影，虛有其表，男子漢氣概不足。體質危機，削弱了男孩將來承擔責任的能力和勇氣。

教育部體衞藝司在北京、長春和瀋陽的部分學校調查結果顯示，學生"不願意參加體育鍛煉的原因"當中，怕苦怕累是一個重要原因[1]，具體表現在參加鍛煉、選擇運動項目時避重就輕，不願參加那些有一定運動負荷、能有效提高身體素質、需要一定意志努力的運動項目。我們有理由相信：那些在體育鍛煉上意志不堅的孩子，將來在工作上也更有可能拈輕怕重，意志不堅。

體質危機，特別是肥胖對男孩的影響尤為巨大。醫學研究表明：肥胖男孩易出現前列腺發育萎縮、睾丸萎縮，形成小睾丸、小陰莖，有可能使孩子的生殖器發育停留在兒童期，到了成人期勢必出現性功能障礙，嚴重者無法生育。

皮之不存，毛將焉附？沒有好的身體，難有好的業績，難有好的幸福生活。

體質危機，嚴重威脅到男孩將來的發展。近些年接連不斷傳出知識分子英年早逝的新聞，不能不讓我們警醒：沒有好的體質，難有好的將來！

---

[1] 葦子，身體好，才能學習好，中國教育報，2001 年 11 月 10 日。

↳ 三、體質危機，危及國家

（一）體質危機，威脅國民素質

　　男孩的體質素質不單單是男孩個人的事情，它是國民素質的一個重要部分。鴉片戰爭後，中國人曾因為體質孱弱而被扣上"東亞病夫"的帽子，讓中華民族受盡恥辱。今天，雖然中國的體育健兒在世界賽場、尤其是奧運舞臺上表現優異，把"東亞病夫"的帽子扔進了太平洋，但我們仍應清醒地認識到：中國只是體育大國，而不是體育強國，國民體質和國民的運動狀況仍然不容樂觀。

（二）體質危機，事關國防安全

　　無論過去還是現在，無論中國還是外國，男人都是軍隊的主力，他們承擔着保家衛國的重任。男孩體質危機，必將影響到我們的國防事業。

　　據 2013 年 8 月 10 日的"揚子晚報網"報道：七萬名參加徵兵體檢青年的合格率僅為 47.5%，多數栽在視力、體重、尿常規和骨關節病"四關"上。

　　據 2013 年 07 月 31 日《北京青年報》報道：應徵報名的在校大學生及高校應屆畢業生裏，體檢合格的大學生僅佔四成多，視力和體重問題成為應徵大學生被淘汰的首要原因。

　　隨着國防現代化進程的加快，國防事業需要越來越多的大學生入伍，這個問題將變得越來越嚴重。

即使那些順利通過體檢參軍入伍的士兵，體質危機的情形也不容小覷，據《中國青年報》報道[1]：

來自遼寧、內蒙古、河南、山東、福建五省區的 820 名青年，應徵進入瀋陽軍區某部三個旅團。

入伍前，他們都經過嚴格的體檢，沒有明顯肥胖或過於瘦弱的，體檢指標都符合應徵入伍標準。然而，不少新兵入伍後，由於體質弱，或多或少地影響了部隊的作戰訓練。一些帶新兵的幹部驚呼："這些新兵體質先天不足，明顯缺練！"

"掉隊現象"接二連三……

該部在某地進行國防光纜施工時，為突擊完成一個地段的任務，就組織了六個突擊隊。可有兩個突擊隊沒有完成突擊任務。部隊領導到現場一看，不是戰士不盡力，也不是方法不科學，而是這兩個隊的新兵體質太差了，身體沒勁，根本幹不動。結果，施工進度整整耽誤了六小時。就是這次施工，不少戰士的手磨出了血泡，有的多達十多個，個別的還因此大病一場，住進了醫院。事後，一位部隊領導深有感觸地說："這要是在戰場上執行作戰任務，可就麻煩了。"

有部隊領導這樣評價："體能是軍人的第一生物素質，是智能和技能的載體，是戰鬥過程中所要發揮的效能，如果不從兵源 —— 中小學生抓起，提高他們的身體素質，將來的新兵在入伍後就很難迅速實現由普通群眾向合格軍人的過渡，即便一時實現了過渡，也極難適應殘酷的戰場環境。"

---

① http://zqb.cyol.com/content/2007-04/30/content_1750206.htm

2007 年兩會期間，軍隊人大代表、總參軍事體育運動大隊教練王戀英也指出，青少年體質的持續下降將直接影響到部隊兵員的質量。

保衛祖國的領土完整，始終是國民須臾不能忘記的使命。沒有過硬的體質，空有一腔報國熱情，將難當國防大任。

"國幾無可禦敵之兵，更無可充餉之銀"。我們還記得林則徐的那句警言嗎？

男孩體質危機絕非小事，它事關國家安全。

男孩胖無力，危及國家競爭力！

第三章

心理危機

　　作為一名關注兒童教育的研究人員，我（孫雲曉）經常接到各種各樣的求助，而這些求助當中，男孩的問題佔了一大半。每月一次的網絡聊天，已經有 17 個年頭了，我感覺，男孩父母求助的更多一些，男孩的問題可謂是五花八門。例如，因為與老師發生衝突，某 15 歲男孩拒絕上學，一直待在家裏上網玩遊戲；更有甚者，一位中學男生的母親在外流浪半月之久不敢回家，因為兒子有嚴重的暴力行為，而丈夫常年在外地打工。

　　一些實際的調查研究數據證實了我們的感覺和推測：

　　北京兒童醫院對七年間 19196 例的臨床分析診斷表明[1]，男性患兒所佔比例高達 69.19%，其中 6-11 歲男孩心理疾病發病率是女孩的兩倍。

　　據《中國青年報》記者報道：上海市科學育兒基地對前來諮詢的四千多名小學生進行統計[2]，其中男孩有"問題"的佔七成以上。

　　蘇州市未成年人健康成長指導中心對一年間前來諮詢的男女生人數做了統計分析。結果顯示[3]，在學習、行為、親子溝通、青春期、人際交往、網絡成癮等各個問題上，諮詢的男生數全都超過了女生，男生求詢總量也遠超女生，男生佔諮詢人數的 70.6%，而女生只有 29.4%。

　　對南京市小學生心理健康的調查發現[4]：男生心理健康偏離檢出率為 10.27%，女生為 7.62%，男生在學習障礙、行為障礙、社會適應障礙、品德缺陷和特種障礙中存在的問題均多於女生。

　　總的來說，男孩更容易身陷心理危機：

　　男孩更容易患一些心理疾病；

　　男孩更容易沾染上各種成癮行為；

　　男孩更容易出現情緒問題。

---

① 6 至 11 歲男孩心理疾病發病率是女孩 2 倍，科學大觀園，2008 年第 3 期。
② http://zqb.cyol.com/content/2005-08/11/content_1159177.htm
③ 統計：男生的問題比女生多，蘇州新聞網，2007 年 9 月 10 日。
④ 三成小學生存在心理障礙，女孩狀況好於男生，南京晨報，2007 年 5 月 31 日。

└┐ 一、男孩的心理疾病發生率更高

　　眾多心理學研究指出，男孩容易患各種疾病，除了抑鬱和焦慮以外，男孩在絕大多數常見心理疾病上的發病率都高於女孩，其中，在兒童青少年階段最常見的心理病症 —— 多動症、學習障礙、智力障礙、自閉症（又稱孤獨症）等疾病上，男孩的發病率遠遠高於女孩。

（一）多動症

　　大家可能知道，北京奧運會上勇奪八枚金牌的泳壇名將菲爾普斯小時候患有多動症，像菲爾普斯一樣患多動症的男孩要遠多於女孩。

　　多動症是一種常見的兒童行為異常問題，主要是注意力缺陷障礙，常見於學前期和小學生群體。國外資料顯示多動症的患病率約為 5-10%，我國的調查數據顯示多動症的患病率約為 3%。多動症兒童男孩遠比女孩多，美國心理學會（APA）2000 年的權威數據指出[1]：多動症的男女比例為 2：1-9：1，國內有學者指出，男孩與女孩患發動症的比率為 4：1-9：1[2]。

（二）學習障礙

　　患各種學習障礙的兒童，男孩也遠遠多於女孩。

---

① 劉毅，變態心理學，暨南大學出版社，2005 年。
② 王建平，變態心理學，高等教育出版社，2005 年。

學習障礙是指智力正常，但由於知覺缺陷、腦損傷、輕度腦功能失調等原因造成聽、說、讀、寫、推理或數學能力的獲得和運用上出現明顯困難，學業成就與潛在能力之間存在顯著的差異。學習障礙又可具體分為閱讀障礙，書寫障礙和寫作障礙。

學習障礙在兒童是一個常見的難題，一般認為學習障礙兒童可佔到學生總數的 5-10%。對於學習障礙的發病率，國內外的統計數據不盡一致，但都承認一點，那就是男孩發病率遠遠多於女孩。如美國教育部 1988 年的統計數字顯示，學習障礙的男生為女生的 2.6 倍之多。我國學者認為，男孩與女孩患學習障礙的比例可能在 2：1-6：1 之間，其中，在最為普遍的閱讀障礙上，患有嚴重閱讀障礙的男孩是女孩的三倍多[1]，臺灣普查（1993）的結果發現學習障礙男生多於女生，高達四倍之多[2]。

（三）智力障礙

智力障礙又叫智力殘疾、智能不足、智力落後、智力遲滯、精神發育不全。對於智力障礙的概念，不同學者的理解也不一樣，一般是指由生物、心理、社會因素引起的，以智力發育明顯落後和適應生活能力缺陷為主要特徵的發育性心理障礙。國內外所有的調查都表明[3]，在所有年齡階段，男性弱智兒童都比女性弱智兒童多，其發病率比例為 1.5：1-1.8：1。

---

① 王建平，變態心理學，高等教育出版社，2005 年。
② 陳晶、袁愛玲，兒童學習障礙研究綜述，學前教育研究，2003 年第 7-8 期。
③ 王玲，變態心理學，廣東高等教育出版社，2002 年。

（四）自閉症

兒童自閉症又稱 "孤獨症"，是一種較為嚴重的發育障礙性疾病。自閉症的主要症狀是自閉症兒童不與他人交往以及建立正常的社會關係。自閉症患者往往沉浸在自己的世界裏，無法用語言、表情、動作跟他人甚至父母進行溝通交流。兒童自閉症的發病率約為 1-2%。男孩更容易患自閉症，國外學者指出其發病率男女比例為 3：1-4：1[1]，在我國男女患病率之比為 6：1-9：1。

除此之外，還有這樣一些事實提示我們男孩心理危機不容忽視：

精神病院裏關着的大部分病人是男性；

患情感障礙的男孩人數高出女孩四倍多；

更多男孩需要服用控制情緒的藥物；

男孩具有更高的自殺率。在美國，青春期男孩自殺率是女孩的四倍。

↳ 二、男孩更容易成癮

（一）網絡成癮

如果到網吧看看，我們會發現泡在網吧裏的大多是男性，其中還有不

---

[1] 勞倫·B·阿洛伊，湯震宇等譯，變態心理學，上海社會科學院出版社，2005，第 755 頁

少是中小學的男生。作為一個群體，男孩更容易網絡成癮。我們來看看防治網癮專家陶宏開教授舉的幾個案例：

北京一個男生名叫吳強，幾年前開始接觸網絡遊戲。最初還是花自己的零花錢，後來家長發現兒子總想辦法多要錢，最後發展到整宿不回家。父親從附近的網吧找到了兒子，嚴令禁止再到外面上網，原以為這下可以管住兒子，沒想到兒子仍然想盡辦法偷偷去上網。夏天發高燒39℃，還去了網吧。家長沒辦法，只好買臺電腦，省得兒子在外面學壞。

在搜狐網"刀劍online"遊戲中，吳強化名是英豪霸氣的大俠，十多萬人一起玩，他積分排進前20名。然而在網下，因為總坐在電腦前不運動，他的體重已超過230斤，剛剛高二就多門功課不及格，經過學校勸說，家長只好讓吳強休學在家。

休學為的是補習功課和鍛煉身體，然而一個半月過去，吳強的網癮越來越重，除了吃飯、睡覺，就是上網遊戲，每到夜裏打電話給外地網友，一聊就是幾個小時。為此，父子倆打了很多架。父親氣得把鍵盤砸了，兒子就動手把電話砸了；父親要把網退了，兒子又把第二部電話砸了。母親說砸來砸去日子沒法過，苦勸兒子得到的答覆就是"誰不讓我上網，我把房子點了都別過"。父母一點辦法都沒有了。

寧夏一個21歲的男青年，因上網成癮只讀了一年中專便輟學，整天沉溺網吧。幾次找工作，最長的幹了兩個月，短的僅半天，現在的生活就是吃飯、睡覺和上網，最長的一次離家出走是一年時間，網上最長紀錄是六天六夜沒有卜米。父母跟他無法溝通，因為這個大男孩講，我大了，你們講的那些我都知道。

在寧夏還發生一起九名少年活埋一名中學生的惡性案件，九名未成年犯罪嫌疑人均是上網成癮，網上認識並結為團夥四處作案，最後因報復而將一名 15 歲少年痛打之後活埋。

上面這些網絡成癮的孩子，都有一個共同點：他們都是男孩。男孩比女孩更容易網絡成癮，這是有充分的數據支持的：

2011 年，中國青少年網絡協會發佈的《中國青少年網癮數據報告（2007）》同樣指出：男性青少年比女性青少年更易於沉溺於網絡。男性青少年網民上網成癮比例為 27.6%，女性為 19.9%，男性約比女性高出 6.7 個百分點。

2009 年，中國青少年網絡協會發佈的《中國小學生互聯網使用行為調研報告》指出，在小學階段，男孩上網成癮的比例（9.5%）明顯高於女孩（4.6%）。

（二）其他成癮

除了網絡成癮以外，在其他物質成癮行為上，男孩的比例也遠遠高於女孩。

在吸煙成癮行為上，對北京、上海等 18 省、自治區、直轄市 213,253 名青少年的調查表明[1]，男生吸煙行為遠遠高於女生：

男生嘗試吸煙率是女生的 2 倍；

男生現在吸煙率是女生的 5 倍；

---

① 星一等，中國城市青少年學生吸煙流行現狀，中國生育健康雜誌，2008 年第 3 期。

男生重度吸煙率是女生的 6 倍；

男生首次吸煙年齡 ≤ 13 歲的報告率是女生的 3 倍。

在飲酒成癮行為上，不管是我們的經驗還是調查數據都說明，男生的飲酒成癮行為遠遠高於女生，如江蘇省疾病控制中心 2003 年對 5,169 名中學生的抽查結果表明[1]，69.9% 男生嘗試過飲酒，遠遠高於女生。

在吸毒等其他危害更大的藥物成癮上，男性的比例也遠遠高於女性。

↳ 三、男孩有更多的情緒情感問題

（一）男孩，情感更脆弱

一般人認為男性的情感應該是堅強的，這其實是假象。在男孩看似堅強的外表背後，隱藏着脆弱的一面。男孩在情緒、情感上比女孩更脆弱。研究表明，從嬰兒時期起，男嬰比女嬰就更容易煩躁。日常生活中的一點點改變或者媽媽、爸爸稍微嚴厲一些的口吻，都可能使小男孩變得更煩躁不安。

---

① 戴月等，江蘇省青少年飲酒情況調查，江蘇預防醫學，2007 年第 1 期。

壓力，讓男嬰更不安

　　哈佛大學的研究人員想知道，在壓力情境下，男嬰是否更容易不安[1]。他們將六個月大的嬰兒與他們的母親請到實驗室，在事先設定的情境中玩耍並進行錄像。首先，母親給嬰兒看玩具並與嬰兒說話；然後，母親停止與嬰兒玩耍並板起面孔以使嬰兒煩躁不安。接下來，母親要盡可能地安慰嬰兒，撫摸嬰兒，注視並跟嬰兒說話。

　　實驗結束之後，研究人員慢速播放錄像帶，分析嬰兒和母親的表情及行為變化。結果發現，男嬰哭泣和煩躁的次數更多，表現得更為憤怒，他們要麼比劃着想讓母親抱自己，要麼在椅子上動來動去好像要逃走。而且，在母親試圖安慰他們的時候，男嬰也表現得更難平靜下來，母親要付出更多的努力才能讓男嬰高興起來。

離婚，對男孩傷害更大

　　人們通常認為，面對父母離異的事實，男孩比女孩更加漠然，然而事實卻完全相反，父母離婚，男孩受到的情感傷害比女孩更深。女孩往往會通過一些方式表達她們受傷害的情感，從而減緩父母離婚所帶來的傷害，而男孩往往把傷害深深埋藏於心底，日積月累，危害加劇。父母離婚，男孩往往跟母親生活在一起，男孩往往會因缺少父親的榜樣示範而變得缺乏陽剛之氣，成年後也更易成為所謂的"娘娘腔"。

---

① 蘇珊・吉爾伯特，男孩隨爸，女孩隨媽，中信出版社、遼寧教育出版社，2003 年。

（二）男孩，更不擅長情感表達

　　女孩比男孩更善於表達情感，女孩對情緒和情感更加敏感。研究表明：兩歲的女孩比兩歲的男孩更多地使用與情緒有關的詞語，女孩比男孩更多的使用“愛”和“傷心”這樣的情緒詞語。

　　兒童時期如此，到了青少年期，這種情感差異日趨加大，越來越多的男孩不擅長表達自己的情感，對別人的情感反應更不敏感，更有可能隱藏自己的真實情感。男孩往往更容易情緒失控，用攻擊或暴力的方式解決問題。有時候，他們把這種攻擊指向自己，這就是自殘或自殺，更多時候，他們把這種攻擊指向他人，就是暴力。

（三）男孩情感，受到更多文化束縛

　　男孩雖然天生情感脆弱，但是他們天生並不缺乏情感表達的能力。研究者已經發現，嬰兒初生幾個月大時，男嬰比女嬰更能表達自己，但是當男孩到達就學年齡時，他們表達情緒的能力下降。男孩子五六歲時，與女孩子相形之下，就顯得更不會向父母師長表達他們的失敗或鬱悶[1]。

　　是什麼使一個開朗、熱情洋溢的男孩變得不願表現出自己的情緒？男孩研究專家波拉克給出兩點解釋：第一個原因是，在培養所謂堅強男孩的過程中，父母或其他成年人使用了羞辱的手段，讓小男孩為自己的情感表達感到丟臉，特別是對脆弱、害怕與絕望的感覺有罪惡感。第二個原因是男孩與母親之間的過早情感分離，使男孩的心理受到創傷，從而影響其情

---

① 波拉克，打開心靈——走進男孩真實的內心世界，民族出版社，2004 年。

感發展。

這兩點原因的背後是一種文化力量在起作用，那就是社會對男孩的性別偏見。許多人認為男孩不應該隨意表達自己的情緒，"男兒有淚不輕彈"，我們的文化往往對女孩的情感發展給予鼓勵而對男孩加以抑制。

英國精神病學家瑟巴斯汀·克萊默指出："社會對於男人有着更大的壓力，人們看不慣男子漢的軟弱，在任何時候都不能表現出脆弱的一面，所以還是小孩子時，男人就有着很大的壓力，他們更加敏感，並在兩歲以前就壓制住了許多天性和本能。"

美國心理學家丹·金德倫等人也支持這種看法[1]：

傳統的男子漢形象壓制了男孩的情緒並剝奪了他們在情感方面充分發展的機會。男孩在整個情感發展過程中被誤導並偏離了自己的內心世界，我們稱之為錯誤情感教育。這種教育是一種人為的訓練，這種訓練讓他們偏離了健康的依戀感以及正常的情感理解和表達，這種訓練甚至對幼兒也會造成影響，他們能夠很快學會隱藏自己的感覺並閉口不提自己的恐懼。這樣，男孩就只能利用自己有限的情感資源去處理生活中的衝突、逆境和變化。

在很大程度上，是男子漢文化中的一些錯誤觀念導致了男孩的情感脆弱。

---

[1] 丹·金德倫，照亮男孩的內心世界，上海教育出版社，2007年。

第四章

社會危機

現在的男人越來越像女人，女人只好揭竿而起，越來越像男人。

——鄭淵潔

我們先看四組調查數據：

《中國青年報》的一項調查結果顯示：48.8% 的人認為現在的男孩女性化傾向明顯，勇敢擔當的精神幾乎沒有；48.5% 的人覺得中國孩子真正缺少的就是男性教育[1]。

---

① http://article.cyol.com/edu/content/2013-06/17/content_8568168_4.htm

　　濟南市明珠小學一項調查結果顯示：在 31 項指標中，男孩 29 項不如女孩。[1] 這 31 項指標主要包括老師的信任與支持、看法和興趣能否得到老師的關注，以及學生的學習能力、自信程度、興趣等方面。

　　杭州市某初中對初一兩個班 68 名同學的一份問卷調查顯示：66% 的女生覺得男生 "娘"，80% 的男生覺得女生 "兇"[2]。

　　2014 年 7 月新浪微博的調查表明：近 33.3% 女性贊同 "中國男人配不上中國女人"，女性認為男性配不上女性的地方集中在 "內涵修養" 和 "自立能力" 上。

　　看到這四組數據，您有何感想？

　　男孩的社會危機，不僅僅是指男孩的社會形象被負面的報道所包圍，還包括男孩的眾多社會問題，比如犯罪等等。我們看到，許多男孩：

　　男孩有更高比例的暴力犯罪；

　　男子漢氣質不足；

　　責任感不夠。

---

① http://article.cyol.com/edu/content/2013-05/31/content_8492128.htm

② http://news.sohu.com/20070403/n249152767.shtml

↳ 一、男孩更容易暴力犯罪

作為男性，儘管不太願意，但我們還是必須承認：男孩是一個更容易捲入暴力和犯罪的群體，這個世界上監獄裏關着的大多數是男性罪犯。

我們先看看近幾年一個頗為引人關注的案例——李某某強姦案。2013年2月17日晚，某女在北京海淀區某酒吧內與李某某等五人飲酒後，被帶至某賓館內輪姦，這就是聞名一時的李某某強姦案。參與作案的五人，除一人是成人外，其他四人都是未成年人，其中一人是15歲。

另外一起震驚社會的案件是藍極速網吧案。2002年6月16日凌晨，北京海淀區學院路20號院內的一家名為"藍極速"的網吧燃起熊熊大火。25條鮮活的生命在大火中喪生，多人受傷，重傷者數人，這些死者和傷者中，許多是附近幾所大學的大學生，他們的生活剛剛掀開生命中最美好的一頁，如夏花般燦爛，便戛然而止……參與作案的四人中，三人是男孩，兩個14歲，一個13歲。

作奸犯科的大多是男性，監獄裏、未成年犯管教所裏被關的大多是男性，工讀學校（也稱為專門學校）裏男生也佔絕大多數。根據教育部官方網站的統計數據[1]：2014年，在我國的工讀學校中，男生7,293人，女生只有1,201人，男生的數量是女生的六倍還多。

---

① http://www.moe.gov.cn/s78/A03/moe_560/jytjsj_2014/2014_qg/201509/t20150902_205095.html

心理學的證據：男孩具有更高的攻擊性

男孩具有更高的攻擊性，在心理學上得到了大量研究的證實。男女兩性在攻擊性方面存在顯著差異，主要可以概括為以下兩個方面[1]：

一是攻擊傾向的差異。男性比女性具有更強的攻擊傾向。研究證實，男孩對侵犯行為進行反擊的可能性是女孩的兩倍。來自一百多個國家的資料顯示，不管是身體攻擊，還是言語攻擊，男孩的平均水平都高於女孩。有關研究以青少年犯罪作為攻擊性的指標考察了男女兒童的性別差異，發現男孩因暴力犯罪而被逮捕的人數是女孩的五倍。

二是反應性的差異。男女兩性在攻擊性行為的反應上表現出一定的差異：

（1）反應方式。男性更多的使用身體攻擊，女性則更多地使用言語攻擊；

（2）對攻擊的抑制性。在做出攻擊行為後，女性比男性更容易產生犯罪感和害怕情緒，女性的這些情緒反應會對其日後的攻擊產生抑制作用；

（3）對情景認知反應的差異。男性最容易因為來自他人的身體或言語攻擊而憤怒，而女性則最容易因為來自他人的傲慢而憤怒；

（4）目睹攻擊後的反應差異。與女性相比，男性在接觸暴力電視後更容易產生攻擊行為。

男孩具有更高攻擊性的結論得到了跨文化研究的支持。心理學家史密斯和格林對英國 15 所幼兒園兒童攻擊行為的觀察研究發現，男孩的身體攻擊和言語攻擊行為均多於女孩。有關研究者對肯尼亞、印度、菲律賓、墨西哥等國家兒童攻擊行為的研究發現，3-6 歲兒童中，男孩在身體攻擊和言

---

[1] 張文新，兒童社會性發展，北京師範大學出版社，2000 年。

語攻擊方面均高於女孩。我國學者張文新等人 1996 年對學前兒童攻擊行為的觀察研究也發現，男女兒童的攻擊行為發生頻率存在顯著的性別差異，男孩的攻擊性顯著高於女孩。

男性比女性有高得多的犯罪潛能。著名的社會學家安東尼·吉登斯《社會學》曾做過這樣的斷言：威脅社會秩序的不是暴力和犯罪，而是男人。學者戴特·奧藤有感於男性的高犯罪率，在《男性的失靈》一書中乾脆用《犯罪，你的名字是男人》作為其中一章的標題。

↳ 二、男孩責任感缺失

責任感是男人安身立命之本，責任感是一個男孩成為男子漢的必要條件。然而，我們看到一些男孩責任心缺失的情況相當嚴重。

在湖南湘潭，八個同齡男孩在一起游泳玩耍時，一位十歲的男孩為救同伴溺水死亡。在施救男孩溺水的過程中，包括被救助的男孩在內的七位同伴沒有一人對其進行施救，眼睜睜地看着他慢慢沉入水底。當問及那七位男孩沒有救助的原因時，他們的回答着實令人震驚和悲哀，因為他們的回答是"怕擔責任"。

據中國青少年研究中心 2002 年的調查，當前少年兒童的不良行為習慣，主要集中在七個方面，而"害怕承擔責任"就是其中之一，特別是在做人方面和學習方面，責任心尤為缺失。

中國社會調查所（SSIC）在北京、上海、湖南、廣東、湖北、遼寧等地對 1,000 位受訪者就關於 "青少年責任感的問題和公眾的看法" 進行問卷調查。當被問及 "您認為當今青少年的責任感如何時？" 13% 的被訪者表示非常差；32% 的被訪者表示比較差；29% 的被訪者表示一般；17% 的被訪者表示比較好；9% 的被訪者表示很好。從數據看出，多數受訪者認為當今青少年的責任感比較差。其中，21.7% 的被訪者表示，現在有許多青少年根本不知道什麼叫 "責任"，在面對問題時，只會想讓別人對自己負責，從沒有想到自己該對別人負責。

現實生活中，責任心缺乏的男孩隨處可見。男孩，習慣於依賴父母，久而久之，他們的能力弱化了，變得更加依賴父母，陷入了惡性循環。有些男孩，放棄了學習的責任，中途輟學，混跡於街頭，無所事事，最終走上違法犯罪的道路。

缺乏責任心的男孩，長大後可能變成缺乏責任感的男人，這樣的男人自私自利，膽小怕事……我們不敢設想，當國家民族陷入危難境地時，這樣的男人會如何應對？

第五章
男孩亟需拯救

↳ 一、從 "夏令營中的較量" 到 "千年警世鐘"

1993 年我（孫雲曉）發表中日少年《夏令營中的較量》時，中國孩子（其中以男孩居多）的表現就在我心中壓上了沉甸甸的問號。探險途中，中國孩子趁背包帶斷落之機，紛紛將背包扔進馬車，日本孩子即使生病，也堅持自己背包走到底。野炊時，日本孩子自己炒菜熬粥，吃得狼吞虎嚥。一些中國孩子抄着手啥也不幹，沒吃飽飯就向領隊哭冤叫屈。

客觀一些說，那些勇敢參與草原探險的中國孩子也是了不起的，多少父母是不敢或者不捨得讓孩子去吃苦的，而他們在準備不足的情況下，堅持走完探險的草原之路。但是，中日孩子之間的鮮明對比還是刺痛了無數中國人的心，中國孩子的嬌氣，缺乏自立能力和吃苦精神與其說暴露了孩子的弱點，不如說暴露了中國教育的弱點，暴露了民族未來的隱患。父母乃至整個社會對獨生子女的溺愛束縛了孩子們的手腳，嚴重的應試教育傾向剝奪了孩子們體育鍛煉的機會。也就是說，不是中國孩子不行，而是中國的教育危機深重。

最令人感慨的是，二十多年過去，許多方面不僅沒有好轉，危機更加嚴重。

二十多年前雖然存在危機，多數學校和教育機構還紛紛組織各種野外磨練活動，二十多年後，因為怕承擔風險和責任，許多學校連運動會都不敢組織，更別說夏令營和野外探險了。

錯誤的教育成了戴在孩子身上的沉重枷鎖！

《夏令營中的較量》一文的發表，引起了震撼全國的教育大討論。2000年，我（孫雲曉）在《中國青年報》冰點專欄發表《夏令營中的較量》續篇——《千年警世鐘》，以 9,000 字的篇幅，詳細介紹了我在日本長野參加的中日青少年登黑姬山探險活動：

登山之前，日本孩子準備充分，中國孩子缺東少西；日本孩子悄然入睡，中國孩子亢奮嬉鬧。

登山途中，中國孩子引吭高歌，高談闊論，日本孩子默默不語，埋頭走路；日本孩子似乎有使不完的勁兒，中國孩子卻總想休息。

日本孩子不到目的地決不把水喝光，中國多數孩子半路上早已壺乾杯盡，口乾舌燥地望着人家有滋有味地飲水。

在這次長達 14 小時的登山探險活動中，雖然中國的七名中學生成功登頂，一樣取得了勝利，但仍暴露出許多問題。這勝利的基礎並不牢固，因為缺乏支持青少年勇敢鍛煉的國民共識和法律保障機制，中國的多數學校絕對不敢組織孩子進行這樣的野外探險。

2013 年，第 21 屆中日韓青少年運動會在山東濰坊展開較量，中國派出的是清一色的體校生，而日本和韓國的所有參賽選手均來自普通中學。即使這樣，在很多比賽項目上的成績，日本和韓國普通學生卻不比中國的體校生遜色。

↳ 二、男孩危機，廣受關注

男孩危機，其實早已受到關注，自二十世紀末以來，一些學者已經撰寫了一系列關於"男孩問題"的文章，出版了一些與"男孩危機"相關的圖書。

1998 年，哈佛大學心理學家威廉·波拉克在《真正的男孩》一書中說，當代男孩"膽小懦弱""缺乏自信"，取得的成就"遠不及"當代女孩。

1999 年，新聞記者蘇姍·法魯迪在《Stiffed》一書中聲稱，在經濟全球化的腐蝕下，美國男人正表現得日漸柔弱。

2000 年，美國企業研究所的學者克里斯蒂娜·霍夫·薩默斯在《反對男孩的戰爭》一書中，批評女權主義正醞釀一場 “針對男孩的戰爭”。

2001 年，杜布森博士的《培育男孩》一書指出，比起女孩來，男孩陷入更為嚴重的困境，他們的心靈飽受傷害。

2002 年，作家伊麗莎白·吉爾伯特稱，“最後的美國男人” 只生活在阿巴拉契亞山的帳篷裏。

近幾年，男孩養育的圖書出版如火如荼 ——《男孩的腦子想什麼》、《養育兒子》、《養育男孩》、《男孩隨爸、女孩隨媽》等相繼問世。

2016 年，美國心理學大師菲利浦·津巴多和尼基塔·庫隆布合作出版了《雄性的衰落》一書，對當代美國男性的衰落進行了全方位的現狀掃描及深入的原因探究，幫助我們更好地了解男孩與男性。

這些都說明了一個事實：男孩危機已經不是一天兩天，也不是一個國家兩個國家的事情了。

↳ 三、男孩危機，世界現象

男孩危機愈演愈烈，它已經成為世界性現象。許多專家擔心，男孩危機將由發達國家向發展中國家蔓延。在我國，男孩危機已成為普遍的現實。在美國、英國、澳大利亞和其他一些國家，男孩危機正日趨加深。

（一）美國

　　2004 年，在美國大學校園裏，大學男生與女生的比率為 43：57。2007 年，美國全部大學新生中，女生佔了 67%，而 1970 年時佔 43%，1950 年時僅佔 24%。根據美國教育部的統計數字，在閱讀和寫作技巧方面，男孩落後於女孩 1-1.5 年。

　　美國非常具有影響力的《商業週刊》以《新兩性鴻溝》為封面報道，語出驚人："從幼兒園到研究所，男孩變成弱勢"，美國女孩在學業表現上一路領先男孩。2000 年拿到碩士學位的女性是男性的 1.38 倍，到 2009 年

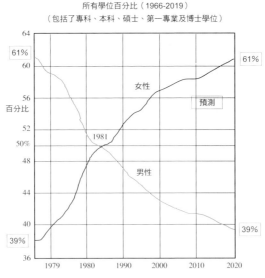

所有學位百分比（1966-2019）
（包括了專科、本科、碩士、第一專業及博士學位）

圖6　美國大學校園的陰盛陽衰

將增長到 1.51 倍，甚至在數學等傳統男孩遙遙領先的學科，男孩領先差距也在快速縮小中。該文如此斷言："在美國各地，女生在學習方面似乎建立了一個羅馬帝國，而男生則像古希臘一樣日趨衰敗。"

在《雄性的衰落》一書中，作者向我們呈現了美國教育部教育科學研究所的一張現狀及未來展望圖[1]：美國大學校園裏的男生會越來越少，美國校園將很快被女生佔有。

（二）英國

在英國，男孩危機已受到高度重視，不管是英國政府，還是教育當局，都已認識到男孩危機的嚴重性。

2006 年，英國大學組織發表的報告顯示，英國大學校園裏 57% 的大學生是女性。研究者擔心，男生之所以在學業上落在女生後面，是因為現在的教育體系有利發揮女生的長處，卻對男生的落後視而不見。

在義務教育階段，從參加中等教育普通證書考試（簡稱為 GCSE，類似於中國的高中會考）的結果看，女生不但在語言類學科上繼續保持着極大優勢，而且在以前男生佔優勢的數學、科學學科上的成績也迅速提升，並在 1995 年首次得以 "與男生抗衡" 以後，男生總體上顯得越來越 "弱勢"。2001 年考試結果顯示，女生獲五門及以上科目 A-C 等級的比例為 55.4%，而男生僅為 44.8%，而且等級越高，女生比例也越高。2005~2006 年度 GCSE 成績統計表明：男生成績已是連續七年落後於女生。在英格蘭和威爾士，1995-2004 年間 GCSE 考試分性別統計的達到 5（＋）A*-C 等

① 菲利浦・津巴多等，雄性的衰落，北京聯合出版公司，2016 年。

級的比率，女生一直領先男生 10％左右。1997-2006 十年間分學科統計表明：在義務教育階段的三次關鍵學段統考中，文科達標率女生優勢十分明顯，而數學、科學兩科男生也落後於女生[1]。

（三）德國

在德國，有數據顯示：男孩在學業方面上的表現遠遠遜色於女孩。下面是一些具體的表現[2]：

特殊學校的學生中 64% 是男孩；

每年留級的男生比女生多一倍；

各類學校中完全不能畢業的男生是女生的三倍；

文理高中（可以直接升入大學的高中）的畢業生中男生佔 45%；

大學裏男生少於女生，在每年入學的大學新生中，男生比例為 45%-48% 之間。

（四）澳大利亞

澳大利亞是最為關注男孩危機的國家之一，因為認識到男孩危機越來越嚴重，政府與教育研究部門多方合作，共同應對男孩危機。

澳大利亞聯邦教育部公佈的數據表明[3]：男孩不僅在讀寫能力、學校投

① 龐超，英國中小學男生學業成績相對落後問題透析，外國中小學教育，2007 年第 10 期。
② 揚 - 烏韋‧羅格等，給父母的男孩教育手冊，湖北教育出版社，2006 年。
③ 周晟，澳大利亞中小學的男孩教育，外國中小學教育，2007 年第 9 期。

入和喜歡學校、教育成就等方面與女孩存在差距，在出現紀律問題和被學校開除的學生中，男孩幾乎佔了絕大多數。在 10-20 歲年齡段，男孩比女孩更容易失業、撞車、觸犯法律、過度飲酒和自殺等等。在 15 歲年齡段，男孩因各種原因（特別是事故、暴力和自殺）致死的比率是女孩的三倍。男孩休學或退學的人數也在上升，在有些學校，每十個休學或退學的學生中，有八個是男孩。

2002 年，澳大利亞聯邦議會對學齡男孩的教育狀況進行了專門調查，並發佈了一份題為《男孩：正確地成長》的報告。報告證實，大量男孩在學業成就和更為廣泛的社會指標上的表現都不盡如人意。該報告認為，人們對於男孩教育的諸多關注是合理的，而這些關注在目前的政策框架內還沒有得到充分考慮。該報告還特別指出：提升男孩的成就並不會危及女孩在過去十幾年裏所取得的成果，兩者並非是此消彼長的關係[1]。

（五）經濟合作與發展組織

國際學生評價組織（PISA）2009 年的報告顯示[2]：在 40 個參與測試的國家和地區中，在四年級，在閱讀成績上，女生高於男生，在數學成績男女生幾乎不存在差異；在科學成績上，女生成績稍稍高於男生；在八年級，在數學成績上，女生高於男生；在科學成績上，女生稍高於男生；在高中畢業率上，2006 年，經合組織國家中男生平均為 79%，女生為 87%，女生明顯高於男生。

---

① 周晟，澳大利亞中小學的男孩教育，外國中小學教育，2007 年第 9 期。
② PISA. Equally prepared for life: How 15-year-old boys and girls perform in school[M]，2009.

　　2003 年，國際學生評價項目（PISA）對以經濟合作與發展組織（OECD）成員為主的 42 個國家的學生成績進行了測查。結果顯示[1]：在所有參與測查的國家中，女生的 "閱讀" 成績均大幅度領先於男生，在 "科學" 成績上男女生基本持平，在 "數學" 成績上有 32 個國家的男生得分高於女生。2003 年，國際閱讀素養進展研究（PIRLS）對 35 個國家四年級學生進行的 "閱讀" 測試成績顯示[2]：女生成績全面超過男生。

　　2000 年，第三次國際數學與科學測試（TIMSS）結果顯示[3]：雖然整體上男生尚佔一定優勢，但領先幅度微弱。

↳ 四、男孩，未來可能更糟糕

　　2000 年，美國方言學會把 "她"（SHE）字推選為 "21 世紀最重要的一個字"，因為 21 世紀是知識經濟時代，競爭的方式將不再是工業文明時代的體力，而更多地表現為策劃、推廣、溝通、聯絡、互動、服務、協調……而女性特有的敏感、細膩、靈活、韌性、關愛、注意力以及第六感覺等優勢，將在 21 世紀大顯身手。女性正在崛起，而男性的優勢日益消失，未來男性還能跟女性並駕齊驅嗎？

---

① 龐超，英國中小學男生學業成績相對落後問題透析，外國中小學教育，2007 年第 10 期。
② 同上。
③ 同上。

（一）男孩危機，何處是盡頭？

　　以學業危機為例，男孩的未來發展一點也不令人感到樂觀。關於這一點，我們不妨參考一下美國的數據。

　　對 1949-2006 年美國四年制學院和綜合性大學本科生中男生所佔比例的統計表明[1]：

　　1949 年，男生 70%；

　　1959 年，男生 64%；

　　1969 年，男生 59%；

　　1979 年，男生 49%；

　　1989 年，男生 46%；

　　1999 年，男生 44%；

　　2006 年，男生 42%。

　　而根據美國教育部教育科學研究所的預測[2]，到 2020 年，美國大學校園中的男生會進一步下降為 39%。

　　我們再對比一下中國，據 2005 年 8 月國務院新聞辦公室發佈的《中國性別平等與婦女發展狀況》白皮書以及教育部網站披露的統計數據：

　　1995 年，女大學生 35.4%，女碩士 30.6%，女博士 15.5%。

　　2014 年，女大學生 52.12%，女碩士 51.65%，女博士 36.93%。

　　17 年間，在校女大學生所佔比例提高了 16.7 個百分點，女碩士的比例提高了 21.1 個百分點，女博士的比例提高了 21.4 個百分點。與美國的數

① 里奧納多・薩克斯，家有男孩怎麼養，中國青年出版社，2009 年。
② 菲利浦・津巴多等，雄性的衰落，北京聯合出版公司，2016 年。

據相比，這種增幅無疑是相當驚人的。

　　隨着男女兩性受教育機會的日趨平等，中國女性在高等教育中的比例必將越來越大。而且，我們有理由相信，隨着社會的進步，原先阻礙女孩進步的許多因素（如性別歧視）將進一步削弱直到不復存在，女孩的表現將會更上一層樓，女生在學業方面的優勢地位將進一步加大。

　　值得思考的是，到 2020 年、2030 年，大學校園裏還能剩多少男生？

（二）未來，男性處境更不利

　　管理大師彼得·杜拉克曾預言：知識性的工作將跨越性別的界線，工作性質將由重視體力向重視智力轉變。對於前者，男性無疑佔有先天優勢，而對於後者，男性則毫無優勢可言。

　　彼得·杜拉克的預言今天已經部分變成現實，當今社會處在快速的經濟轉型期，勞動力市場正逐漸向知識型和服務型社會轉變。這種轉變，使男性的先天優勢變得不再重要，正如《未來男性世界》所言："在職場上，技術第一次使得男性的睾酮催發的肌肉優勢開始變得不那麼重要，繼而變成了無關緊要，現在甚至成了一個缺點。隨着以服務和理念為主要內容的網絡經濟不斷崛起，人際關係和完成多重任務的能力成為職場必備，而這些都是女性的專長。"

　　2008 年發佈的《上海大學生就業問題研究》顯示：用人單位對女大學生的滿意度已經超過了男大學生。在世界範圍內，女企業家、女性管理者的表現都越來越令人讚歎。美國婦女商業研究中心甚至做出預測，一個世界範圍內的女性創業時代正在來臨。

　　有學者認為，隨着社會的轉型，男性在傳統社會所扮演的提供者和保護者角色也變得越來越無關緊要了。今天,警力和社會文明為女性提供了基本的安全保障,工作市場也使得女性能夠自食其力,甚至連男性的生育權也面臨危機。在《未來男性世界》一書中作者這樣寫道[1]:

　　……各種人工授精的技術使女性在沒有男性參與的情況下也能受孕。女性可以從男性的精子中得到她想要的遺傳基因,同時無需和該男性產生任何牽連 —— 舉個例子說,她要買麵包,卻不一定要把麵包師也一起買回去。事實上,精子作為商品,現在已經能自由地通過網絡或者在真實生活中進行買賣。在精子買方市場上,女性甚至可以規定她們想要的精子具有什麼樣的特徵來傳給下一代,包括膚色、髮色、長相甚至智商。
　　……

　　女性對男性的需求越來越出於她們的生理上的功能 —— 即現代男性在生育和性方面所能做到的事情。今天,因為男性許多其他的優點都被“邊緣化”了,男性會因為被看做精子工廠和性對象而感到屈辱。

　　我們可以大膽預言:在未來社會,女性的天性將得到更好的發揮,女性將比男性面臨更好的機遇。在未來社會,男性傳統的優勢領域將日漸縮小,女性的優勢地位將得到逐步擴大。

---

① 瑪莉安・蘇茲曼等,未來男性世界,首都師範大學出版社,2006 年。

（三）未來，男性的存在危機

Y 染色體危機

生物學告訴我們：男性區別於女性的最根本原因是男性的性染色體為 XY，而女性為 XX。人們一般把 X 稱作為女性染色體，Y 染色體稱作為男性染色體。

Y 染色體成就了男人，但 Y 染色體是最不合群的染色體，正是 Y 染色體導致未來男性面臨生存危機。

2004 年，英國牛津大學人類遺傳學教授布賴恩·塞克斯推出了有關男性染色體 Y 染色體研究的新書《亞當的詛咒》。在書中塞克斯教授對男人和他們脆弱的 Y 染色體作了悲觀的審視，把 Y 染色體看作是正在衰敗的基因的墓地。

塞克斯教授認為：從進化角度來看，男性的 Y 染色體比 X 染色體更脆弱，Y 染色體本身比女性的 X 染色體更不穩定，更容易發生基因變異，其發生病變的可能性是女性染色體細胞的 10-15 倍。Y 染色體弱小而萎縮，僅有大約 78 個基因，而 X 染色體（女性染色體）上有 1,098 個基因。而且由於 Y 染色體形單影隻，它沒有機會與其他任何染色體混合，不能利用有性生殖提供的機遇與其他染色體交換 DNA，Y 染色體也無法自行修復基因變異帶來的損傷。這些不利因素將導致 Y 染色體會隨着人類的進化而逐步退化。根據 Y 染色體逐步消亡的速度計算，塞克斯教授還作了一個非常大膽的預測：大約 125,000 年後，Y 染色體將會徹底失去功能，這意味着男性將從地球上滅絕。

英國倫敦大學遺傳學教授史蒂夫·瓊斯博士撰寫了《Y：男性的退化》一書，他也認為男性的消失只不過是一個時間問題而已。

我們不能斷定 Y 染色體會不會這麼快就消亡，但以上說法至少提示我們，男孩的危機或許有更深層次的原因。

精子危機

"Y 染色體危機"好像還遠在天邊，我們可以暫且不管，但精子危機，卻實實在在地擺在我們面前。

中國男人的精液質量正以每年 1% 的速度下降。國家權威研究機構的研究發現[1]：中國男人的精子總數降低了 30.6%，精液質量正以每年 1% 的速度下降。這個研究是對 1981-1996 年間公開發表的來源於北京、上海、天津等 39 個市縣 256 份文獻共 11,726 人的精子數據進行的分析，結果應該是非常可信的。

數據顯示[2]：目前成年男子精子生成量比 100 年前減少了一半。50 歲以上男性中，40% 患有不同程度的前列腺疾病；成年男性中 25% 的人有不同程度的性功能障礙；成年男性性病患者達 65%。我國目前至少有 5,000 萬育齡男性患有不育症，而男性前列腺疾病患者約有 1.5 億。

2003 年，在世界衛生組織召開的"環境對生殖影響國際研討會"上，科學家們鄭重地發出警告[3]：在全球範圍內，人類精子質量正在不斷下降——每毫升精液的精子密度由 1950 年的 1.31 億個下降為 0.5 億個，下降了 62%，每次射精的平均精液量由 3.5 毫升下降至 2.6 毫升。

2004 年，上海市共有 1,360 名男性報名捐獻精子，經檢測符合標準的

① 精子危機逼近：上海市精子庫精液質量每年下降 1%，http://news.qq.com/a/20050427/002319.htm。
② 男科學會委員：海南省男性健康現狀相當嚴峻，http://news.sina.com.cn/c/2004-10-29/09284745203.shtml。
③ http://www.china.com.cn/chinese/news/822102.htm

僅 79 人，志願捐精者的合格率不超過 21%。而且，在捐精者提供的樣本中，快速運動的精子數量、精子液化功能等指標都呈下降趨勢[1]。

污染對男孩的危害更大

2008 年 12 月 7 日，英國《星期日泰晤士報》：新的研究報告指出 —— 兩性中雄性較弱已得到證實。該報告認為動物進化受到污染物的扭曲，從而損害了雄性的生殖器官和繁育後代的能力。

令人震驚的全球科學研究的結果表明，雄性處於危險之中，無論是對人類還是對野生動物而言，都會帶來無可估量的後果。

研究表明，大量普通的化學品正在使各種脊椎動物的雄性雌性化，從魚類到哺乳動物，其中包括人，都無一倖免。

紐約羅切斯特大學最新研究結果表明，那些體內鄰苯二甲酸鹽含量增加的母親，生出的男孩陰莖很有可能會偏小或患上隱睪症。這些男孩的肛門與生殖器之間的距離也較短，而這是女性化的典型標誌。荷蘭鹿特丹伊拉斯謨大學的研究表明，那些接多氯聯苯的母親生的男孩，長大時會更願意玩洋娃娃和茶具，而不是一般男孩子愛玩的玩具。

在加拿大、俄羅斯和意大利，飽受"性別扭曲物質"污染的社區，女孩出生的數量是男孩的兩倍，這或許能為解釋全球男女性別比例發生神秘變化提供線索。

---

① http://www.china.com.cn/chinese/news/822102.htm

加拿大一項研究直接指出[1]：環境污染物對男孩的危害更大，男孩因此出現氣喘、癌症、學習及行為問題及出生缺陷的比率都高於女孩。研究還發現，男嬰還在母體懷胎階段時，比女嬰更容易遭受毒素侵害，尤其是他們的腦部發育。

（四）男孩將來的"婚戀"危機

中國男孩成年以後，將不得不面臨這樣一個危機 ——"婚戀"危機，相當比例的男孩將在這場競爭中被淘汰出局，將有幾千萬男孩成為"光棍"。這不是杞人憂天，且看新聞報道[2]：

全國第五次人口普查資料顯示，目前全國男女出生性別比為116.9：100。全國有 5 個省的出生人口性別比甚至高達 130：100 以上。海南省出生嬰兒男女性別比為 135.64：100，居全國最高水平。

據推算，按照如今的嬰幼兒性別比例，到 2020 年，中國處於婚齡的男性人數將比女性多出 3,000 萬到 4,000 萬，這意味着平均 5 個男性中將有一個找不到配偶。也就是說，20 年後將有數千萬男子面臨光棍兒困局。

這些數字是驚人的、可怕的、讓人焦慮不安的。當現在的男孩長大時，他的婚戀選擇空間將變得更為狹小，如果他們不夠優秀、不夠出色的

① 王增，衞生與生活報，2007/9/3/ 第 008 版。
② http://news.163.com/07/0525/15/3FBNV7EQ000120GU.html

話，極有可能在婚戀競爭中敗下陣來。

結語：了解危機，拯救男孩的前提

數據和事實已經明白無誤的告訴我們：

男孩已經身陷危機；

男孩危機不是將來式，而是"現在進行時"；

男孩危機不是單一危機，而是全面性危機，男孩在學業、體質、心理和社會等方面均身陷危機。

男孩危機是人類歷史上從未有過的危機，我們的未來很大程度上取決於我們拯救男孩的成敗。

了解這些危機，直面這些危機，這是拯救男孩的前提基礎。

男孩正在經受"混亂社會"的各種通病的折磨，在一個充滿變數的社會裏隨波逐流，沒有人幫助他們找到方向。

——威廉·波拉克，哈佛大學心理學教授

我們認為，錯誤的家庭教育、學校教育以及不當的流行文化等三大原因導致了當代中國男孩的四大危機。

學校教育：

男孩的優勢得不到發揮，男孩的特點被看作為缺點，男孩的缺點被進一步放大；

應試教育對男孩更不利。

家庭教育：

父教缺失讓男孩"缺鈣"，父教缺失讓男孩更容易違法犯罪；

溺愛對男孩的傷害更大。

流行文化：

在所謂"中性化"潮流的挾裏下，許多男孩陷入認同危機；

社會沒有尊重性別差異的真實存在。

第一章

其實是教育危機

教育簡直就是專門與男生的天資和傾向作對的"陰謀詭計"。

——麥吉尼斯博士

多年來一直從事青少年教育與研究的學者有一個越來越強烈的認識：男孩危機，其實是教育危機。

一個教育體制的好壞要看它是否有利於孩子的個性發展，使男孩和女孩的生命潛能都得到最大限度地發展。

這讓我想起了"普洛克路斯忒斯之床"這個希臘神話故事：

惡魔普洛克路斯忒斯有一張床，他守在路口，見到行人就把他們抓來放在床上量一量，太長就用斧子砍去腳，短了就拉長，以便讓其符合床的標準。與之類似，中國古代也有一個成語叫作“削足適履”。

現行的教育體制，尤其是應試教育就像這張“床”，拿同一個標準去評價所有的孩子，不管男孩還是女孩。

我們認為：現行的教育制度對於男孩危機負有第一責任。

↳ 一、學校教育，忽視性別差異

教育家 R. H. 里夫斯博士寫過一則耐人尋味的寓言《動物學校》：

有一天，動物們決定，牠們必須做一件偉大的事，以便迎接所謂“新世界”的各種挑戰，所以牠們建了一所學校。

學校採用的活動課程包括跑步、爬行、游泳及飛行。為了公正起見，所有的動物都必須參加所有課程。

鴨子在游泳項目上的表現非常傑出，甚至比老師還優秀，但是在飛行方面，牠的程度只是剛剛及格而已，跑步的成績更是慘不忍睹。因為牠跑得太慢，所以放學後必須放棄游泳，留下來練習跑步。牠持續地練習，直到牠那有蹼的腳都磨破了，仍然只有游泳一項及格。

開始時，兔子跑步的成績在班上名列前茅，但不久後，牠便因為游泳前繁瑣的化妝而感到神經衰弱。

小松鼠本來在爬行課程上表現優異，直到有一次上飛行課時，老師要求牠從地面起飛取代從樹梢滑落，從而使小松鼠在心理上遭受了極大的挫折感。後來牠因運動過度導致肌體痙攣，牠在爬行上只得了70分，跑步課程剛好及格。

老鷹是一個問題兒童，所以被嚴厲地懲罰。以爬行課程為例，牠不但打敗其他同學先到樹頂，同時也堅持用自己的方式。

一學年結束後，一隻在游泳、跑步、爬行方面表現一般，但稍微具有一點飛行能力的奇特鰻魚，平均分數最高，成為畢業代表。

山撥鼠拒絕入學，同時也反對納稅，因為學校未將挖掘列入課程，牠們將自己的小孩送到獾的地方學習，後來土撥鼠及地鼠也紛紛加入，成立了一個成功的私立學校。

這個動物學校不正是我們現代學校的縮影嗎？我們的學校不正是這樣以統一的要求、統一的內容、統一的進度、統一的考試和統一的評價來要求每一位學生嗎？已故國家圖書館館長任繼愈先生對此感歎："跟蒸包子一樣一屜一屜的，出來一個模樣。"

華東師大教育科學學院教授、博士生導師張華認為，男孩教育和女孩教育首先是兩種有差異的兒童文化。"既然有差異，我們就不能簡單以女孩為標準來衡量男孩，或者反過來以男孩為標準來衡量女孩。"

（一）學校教育，忽視了男孩發展落後於女孩的事實

眾多研究表明，在中小學時期，特別是小學和幼兒園階段，男孩的發展明顯落後於女孩。

身體和動作落後

從出生時，男孩的生理發展就落後於女孩，一名剛出生的女嬰的身體機能和一名出生六個星期的男嬰不相上下[1]。出生時，女孩的骨骼比男孩發育提前四至六週，而且，這一差距會隨着年齡的增長而拉長，到接近青春期時，女孩的骨骼發育比男孩早兩年之多[2]

大腦和神經系統落後

在兒童青少年時期，男孩的大腦發育總體上落後於女孩。有研究指出：

五歲男孩的大腦語言區域發育水平只能達到三歲半女孩的水平[3]。

美國西北大學的認知科學家 Burman 所領導的研究小組也發現[4]：與女孩相比，男孩的大腦要花更長的時間才能夠走向成熟。

學會上廁所是幼兒大腦成熟的標誌之一。研究表明[5]，兩歲半時，30%的女孩已經學會上廁所。

心理落後

英國學者 Geoff Harman 對男孩的心理落後提供了量化結論[6]：在 11 歲時，男生口語能力、讀寫能力和計算能力的發育水平分別比女生晚 11、12

① Kraemer S， The Fragile Male，British Medical Journal， 2000 年第 12 期。
② 蘇珊·吉爾伯特，男孩隨爸，女孩隨媽，中信出版社、遼寧教育出版社，2003 年。
③ 里奧納多·薩克斯，家有男孩怎麼辦，中國青年出版社，2009 年。
④ 群芳，男孩女孩用不同大腦區域處理語言信息，科學時報，2008 年 3 月 11 日。
⑤ 蘇珊·吉爾伯特，男孩隨爸，女孩隨媽，中信出版社、遼寧教育出版社，2003 年。
⑥ 龐超，英國中小學男生學業成績相對落後問題透析，外國中小學教育，2007 年第 10 期。

和 6 個月。

　　男孩的語言落後尤為明顯。女孩獲得語言、發展言語技能的年齡較男孩更早，女孩通常比男孩更早開始說話。研究表明[1]：10 個月大的女孩有半數能說出三個單詞，而 10 個月大的男孩有半數只能說出一個單詞。到 16 個月大時，半數的女孩可以說 56 個單詞，而半數的男孩只能說出 28 個單詞。除了語詞數量上的優勢以外，女孩在發音的準確性和流暢性上也優於男孩。

（二）學校教育，否定了男孩的優點

　　男孩是更擅長動手的，更擅長體驗的，體育課、實驗課、活動課等正是男孩所擅長的優點。但是今天學校裏最受重視的科目是語文、數學和外語，實驗課、體育課等需要體驗、實踐的課程往往不受重視。

　　男孩需要大量身體的活動，需要刺激與冒險，才能將精力釋放出來、展現出來，我（孫雲曉）對此深有體會。

孫雲曉：我的童年經歷

　　我在 20 世紀 60 年代在家鄉青島讀小學的時候學業極為輕鬆，玩耍的時間取之不盡。

　　我無法忘記，我鑽進茂密的樹林，在一片碩大的梧桐葉子下屏住呼吸，因為一隻金色的小鳥正在葉子上唱歌，我們相距不足一尺。我緊緊

---

① 蘇珊・吉爾伯特，男孩隨爸，女孩隨媽，中信出版社、遼寧教育出版社，2003 年。

捂住自己的胸口，怕怦怦心跳的聲音把牠驚飛。

我無法忘記，在皎潔的月光下，我一手提着嘎斯燈，一手握着鋼叉，走進冰冷的大海。在波光粼粼中，追蹤着閃電般游動的魚兒和急速橫行的螃蟹，而我需要以更快的速度和精確的計算來擊中目標。

我無法忘記，在清清的溪水邊，採摘了一籃紅艷艷的野草莓，又逮住幾隻翠綠的大肚子蟈蟈，與夥伴們歷盡艱險爬上高聳入雲的嶗山餘脈 —— 浮山，那種成功的體驗激發我生出欲展翅飛翔的強烈夢想。

我無法忘記，炎熱的夏天來臨的時候，我們是多麼急切地奔向大海。可是，當我們趁着退潮走進大海深處，歸來時卻趕上漲潮。當發現一個夥伴不慎走進海溝漸漸沉沒，我們雖然嚇得魂飛魄散，卻緊緊拉住他的手，直到脫離危險。那是我第一次體驗到生命與責任，我為此驕傲至今。

在我的兒童時代，大自然是我真正的課堂。我的生命在大自然中自由奔放，接受高山和大海的洗禮與考驗，而我也在這個過程中得以學習與成長。時至今日，我始終對生活充滿了熱愛，對未知充滿好奇，這不能不感謝童年的經歷。

反思我的成長過程，我覺得小時候的那段美好時光成就了我這個男孩，那些體驗自然的活動是多少文化課多少知識都難以換取的。與現在的男孩們相比，我覺得自己的童年格外的幸福。

因噎廢食，體驗成為紙上談兵

如今，像我（孫雲曉）童年時的經歷在今日的學齡兒童中變得非常難得了。孩子們越來越遠離自然，他們很少有機會到野外遊玩。全國許多學校已經停止了包括春遊、夏令營和秋遊等野外活動，因為眾多教育部門把別出事、集中時間精力抓學習看作頭等大事。國家統計局、中央文明辦 "未成年人思想道德建設調查"顯示：對夏令營、冬令營等未成年人喜愛的體驗活動，城市中參加三次以上者為 15.7%，農村僅為 5.2%；參加一兩次的，城市為 40.5%，農村為 28.2%；沒有參加過的，農村比城市則要高出 22.8%。

為了避免事故的發生，就連學校的體育課也往往只能選擇一些絕對安全的項目，很少開展跳高、跳遠、跳山羊、單槓、雙槓這樣的體育項目。而且，本來時間就不多的體育課時間在很多學校也難以保證。

更有甚者，在一些學校裏，課間十分鐘只有上廁所、喝水時才可以走出教室，並且要慢步輕聲；在教室裏只能坐着或站着說話，甚至不能玩一些簡單的拍手遊戲、削鉛筆都有統一的時間。

而對於男孩子來說，他們的學習更倚重體驗，缺乏體驗使男孩對枯燥的單純書本學習和知識學習喪失興趣，從而危及到他們的學業表現。

（三）學校教育，否定男孩的學習方式

上海一所小學曾設計過一堂以自學為主的實驗課[1]，讓任課教師完全沒想到的是，因為不受束縛，班裏不受待見的"皮大王"男生發揮最好，而成績一直很好的一位"乖寶寶"式的女孩則沒有得到好成績。

對上海八中男生班的研究表明[2]：內容相同的一堂英語課，在普通班，男生插嘴四次，說網絡用語與俗語兩次，女生沒有這種不守規則行為；而在男生班，插嘴次數是九次，網絡用語與俗語出現了四次。這堂英語課上

---

[1] 上海 所中學開設男生班：根據男生特質培養學生，http://article.cyol.com/edu/content/2014-04/09/content_9910331.htm。

[2] 上海一所中學開設男生班：根據男生特質培養學生，http://article.cyol.com/edu/content/2014-04/09/content_9910331.htm。

的某五分鐘裏，男生班中抽樣觀察的六名男生平均每人變換了 8.5 次坐姿，另外，還有平均 38.83 次小幅度的身體扭動。

男孩的學習方式跟女孩的學習方式是不一樣的。對全國 10 個省市 3,737 名中小學生學習狀況的調查表明[1]：男生更傾向於動手實驗和操作的學習方式，女生更傾向於文字及語言類的學習方式。男生更喜歡用電腦這種學習方式，男生更喜歡"實驗"，而女生更喜歡通過"讀課外書"、"聊天"來學習。

精力更為充沛的男孩更傾向於以身體運動和參與體驗的方式學習。性別教育專家邁克爾·古里安認為：男孩的大腦與女孩大腦相比，更多地依賴動作，更多地依賴空間機械刺激。男孩天生更容易接受圖表、圖像和運動物體的刺激，而不易接受單調的語言刺激。如果教師在講課時說得太多，那麼與女性大腦相比，男性大腦更有可能感到厭煩、分心、瞌睡或坐立不安。

男孩與女孩的學習方式差異是有生理基礎的 —— 男孩和女孩的大腦存在性別差異。女孩顳葉中擁有更強大的神經聯繫，使女孩具有更為複雜的感知記憶存儲能力，對聲音的語調更為敏感。而男孩對聲音並不敏感，他們需要更多的觸覺型體驗，才能激發大腦學習的積極性。另外，男孩與女孩大腦中的海馬（記憶存儲區）的工作方式也不相同，使男孩需要花更長的時間才能記住課堂上所學的知識。

我們的學校教育往往否定男孩的學習方式。作為學校主科的語文、數學、外語的教學方式無一不是以言語教學為主，體驗、活動和觀察被認為是極不重要的方式。而女孩的語言天賦優於男孩，女孩獲得語言、發展語

---

① 鄭新蓉、韋小滿，我國中小學生學習與發展的性別差異的調查分析，現代中小學教育，2000年第5期。

言的年齡較男孩更早，因此，對於以語言為主的學習內容，女孩更容易掌握，對言語為主的教學方式，女孩也更容易適應和接受。

一個四年級的男生這樣說："一堂課 40 分鐘，老師恨不得能講 45 分鐘，把我們都煩死了。"

一位五年級的老師一提起男生就來氣："同樣一堂課，女孩子認真聽講，一句話都不漏，有幾個調皮的男孩，上課沒一會就開始聽不進去，就開始做小動作，還故意亂提問題。"

怎麼樣解釋上面的現象？男孩煩老師，老師也對男孩不滿，其中一個很重要的原因是老師的教學方式可能跟男孩的學習方式是不匹配的。

有關專家認為，許多學校和老師不是去適應男孩的學習方式，而是讓孩子一動不動地坐着聽老師講課，這種盛行的做法無論對男孩還是女孩都不是最好方法，但相比之下女孩比男孩更能忍受這一點，女孩具有更細微的感覺能力和社會適應能力，比較準確地了解教師的心思，而男孩則更喜歡向權威挑戰，更願意競爭和冒險。

┗ 二、應試教育雪上加霜

毋庸諱言，當代中國教育中的應試傾向仍很嚴重，前教育部部長周濟曾坦承："與愈演愈烈的 '應試教育' 相比，國家推進素質教育的步伐依然顯得很艱難。" 在應試教育之下，不管男孩還是女孩，在升學指揮棒下，每天埋頭於厚重的書本中，為大大小小數不清的考試而忙碌，進行着極為殘酷的升學競爭。這樣的教育不僅無法滿足孩子成長的需要，反而成為對孩子的傷害。

我們認為，應試教育對男孩和女孩都不利，但與女孩相比，應試教育對男孩更加不利。

（一）教育"新四化"，讓男孩深受其害

"不要讓孩子輸在起跑線上"可以說是最能蠱惑人心的宣傳口號，它讓無數父母深感焦慮。這一觀念造成的直接後果就是升學壓力下移，學校教育被人為提前，具體表現為"教育新四化"——幼兒教育小學化、小學教育中學化，中學教育大學化，大學教育幼兒化。因為在幼兒小學階段，男孩的生理發展和心理發展顯著落後於女孩，所以幼兒教育小學化、小學教育中學化對男孩更具殺傷力，讓許多男孩過早在學業上掉隊，最終喪失了在學業上追平女孩的機會。

幼兒教育小學化

在巨大的升學壓力下，幼兒教育小學化傾向越來越嚴重。遊戲少了，作業多了，考試更頻繁了，升學壓力層層傳遞到幼兒身上。

幼兒教育小學化的徵兆在孩子入園時已經顯現。為了篩選優質生源，在激烈的行業競爭中取得優勢，許多幼兒園不斷提高入園門檻，兩三歲的孩子就開始學習數數、背詩、寫字、記單詞。

進入幼兒園後，小學化傾向更是明顯。據報道，天津河西區一所幼兒園已開始應父母要求教孩子用豎式算三位數的加減法，而這是小學二年級的課程。"橘、欖、醬、藕、墨"這些原在小學三年級才會學到的字，也出

現在《學前 500 字》之中。哈爾濱某幼兒園的一塊小黑板上，寫着幼兒們週末應完成的作業：抄寫古詩《靜夜思》三遍並背誦、默寫漢語拼音字母、父母出 20 道退位減法題。

這樣的幼兒教育的惡果之一就是讓男孩從一開始就畏懼學校、討厭學習。在他們應該遊戲、唱歌、跳舞、繪畫、到處跑、到處玩、胡思亂想的年齡，孩子們不得不規規矩矩地坐下來學習、讀書、寫字。這會讓他們認為，學習是枯燥的，甚至是一種懲罰，從而喪失了學習的興趣，對學校心生厭倦。

小學教育中學化

在小學階段，學校教育相對規範了很多，課堂上超綱"搶跑"現象還不算太突出。但到了課外，各種五花八門的補習班給孩子們上緊了發條，早就叫停的奧數班遍地開花，英語培訓和各種考級隨處可見。

小學奧數培訓，甚至已經把初中，甚至高中才可能學到的內容提前灌輸到了男孩腦袋裏。對絕大多數孩子來說，學習奧數的過程就是反覆證明自己是個傻瓜的過程。奧數在中國的氾濫，絕不意味着科學的振興，而是文明的墮落。

雖然這種做法對所有男孩、女孩都造成了傷害，但女孩適應起來似乎要容易一些。這是因為女孩的大腦和身體發育得要比男孩更早、更快。

更值得警惕的是我們大多數人，特別是父母和教師並沒有認識到男孩的這種落後只是暫時的，當男孩的表現落後時，他們就會很主觀地認為男孩調皮、馬虎、不認真，這其實是冤枉了男孩。正是由於我們父母和老師的錯誤認識，過早地對男孩做出消極評價甚至失敗性評價，導致許多男孩很早就被貼上失敗者的標籤。成人的消極評價最終會被傳導給男孩本人，轉化為男孩的自我評價。在學業失敗的陰影下，許多男孩逐漸喪失了自信和自尊，繼而討厭老師，討厭學校，過早地放棄了自己的努力，最終喪失了將來追平女孩的機會。

（二）應試教育，讓男生更容易成為“差生”

一個小學男生在接受記者採訪時說：“如果沒有個性，如果我聽話，我就會變成一個老師眼中的好孩子。”

上海市一名三年級的學生浩浩說：“老師喜歡安靜乖巧聽話的女孩，不喜歡淘氣、任性、有想法的男孩。”

上海市少先隊名譽總輔導員沈功玲是我（孫雲曉）多年的好朋友，她曾收到一封 35 個孩子的“聯名上書”。這些三年級的學生向沈老師投訴：他們的班主任老師在中隊長選舉中，誘導他們把票投給一個女孩子，而不是他們擁戴的一個男孩，原因是該班主任認為那個男孩上課喜歡提問，有時甚至離開座位與老師爭論，不遵守紀律，根本不能成為學生們的表率。

據 2008 年 12 月 16 日的《南國早報》報道，廣西隆安縣民族中學初中二年級出現了一個特殊的班級，一個班 53 名學生全是男生，並被認為是紀律差、不好好學習的差生。幾乎在每個學校裏，大多數“差生”都是男孩。

應試教育之下，男孩更容易成為“差生”，男孩更容易受到的誤解，甚至冤枉。早在 1986 年寫作報告文學《“邪門大隊長”的冤屈》時，我（孫雲曉）就初步開始探討這一問題。

“邪門大隊長”——趙幼新其實是一個很陽光的男孩。

趙幼新智力不錯，愛觀察，譬如看到兩朵花，他要看出它們的不同之處。學習也不死記硬背，有自己的思路和方法。有一道數學題，三個班只有他解出來了，方法極簡單，老師都弄不清他是什麼方法。當然，趙幼新的學習成績也不錯，在我採訪前的上一年期末，他各科總成績第一。

就是這樣一個學生，老師和許多同學卻不喜歡，連年與"三好學生"無緣，因為他是個調皮大王，個性太強，對誰都敢提意見，愛接嘴。在接受我的採訪時，他曾這樣表達他的冤屈：

"作文課上，老師淨讓我們寫好人好事。這個寫拾錢包，那個寫幫人推煤，另一個又寫救落水孩子，哼，根本沒有的事！老師卻說："不管真不真，寫得好就行了。"我覺得，寫文章應當真實，稍有點假的，也行，可不能假得太狠了，都脫離實際了！"

一個班，二十個人寫拾錢包，還有的寫撿小孩、逮小偷。最可笑的，有人還寫他在公共汽車上逮小偷。我們這兒根本沒有公共汽車，純抄了！"

當我問到他為什麼總愛接嘴時，他似乎有一肚子冤屈，一肚子話，不計較你怎麼問，張口就說：

"我就是想弄明白一些。不然，明明不懂也不問，像個木頭一樣坐在那兒，有啥用？"

當我問到班裏評"三好學生"公平嗎，他斬釘截鐵地回答：

"不公平！"

甚至有輔導員老師在場，他也不掩飾自己的不滿。

而我們的老師和學校喜歡什麼樣的學生呢？往往是下面這樣的女孩：

"這小妮特守紀律。上課的時候，邊上的同學用胳膊頂她或用手拽她，她也一動不動。下課了，有時還在位子上想問題呢。"

她飯不吃，也要完成作業。如果作業未做完，電視節目再好，她也不看一眼。"

應試教育以升學考試為中心，它對學生的評價必然集中在學習成績、考試分數上。考試，特別是中考和高考需要的是死記硬背書本知識，它並不適合那些活潑好動、長於動手操作的男生。這種認識已得到了許多專家和老師的認同。

國內著名考試專家謝小慶教授把現如今的考試歸結為知識型考試，並斥責這種考試是不科學、不合理的。因為這類考試側重於考察對知識的記憶，也就是需要死記硬背的能力。而女生比男生更能靜下心去貫徹老師的要求。

上海師範大學小學教育研究所副教授鍾文芳指出："追求公平、要求統一，這是以一樣的標準來教育男生女生，而這個標準更利於女生學業的成功。""總的來說，女孩子的思維更側重形象思維、語言表達等，男生更加傾向於邏輯推理、整體把握等，而現在的這種知識性的考查更利於女生，因為女生更容易靜下心來去學習功課，記憶知識點。"

上海大學教授、女性學研究專家胡申生認為："高考考的就是知識點的掌握情況和考生的細心程度，男生在這方面不佔優勢。不僅是高中，即使到了大學期間，文科類學科當中，女生拿獎學金的比率也要超過男生。只要是考背誦的東西，總是女生強。"

　　以考試為中心的評價方式還將錯誤的"成功觀"傳遞給學生，讓學生以為只有考試名列前茅才是成功。2009年國慶節，我（孫雲曉）與北京一些著名中學的學生父母交流時，他們說孩子最近經常談論的話題是考試，許多孩子認為，不是知識改變命運，而是成績決定命運。這種目光短淺的成功觀嚴重傷害着男孩。由於考試內容無法讓男孩發揮他的長處，因而使不少男孩從小就戴上了"差生"的帽子。老師們也往往更喜歡那些聽話的孩子，而男孩由於天生叛逆心理較強，往往被教師看作為不服從管教，被教師從好學生的名單中去掉。

　　"差生"現象是中國教育的一個頑疾。九年義務教育本是國民素質教育，是合格的教育，是讓人人成功的教育，卻在許多地方被扭曲為精英選拔的教育、淘汰的教育。給中小學生戴上"差生"的帽子，是一個天大的冤假錯案，當孩子自認為自己是差生時，這種自我否定傾向有可能讓他們一生都生活在陰影裏，甚至一輩子抬不起頭來。拯救男孩，需要全社會儘快摒棄"差生"的觀念及稱謂，因為誰叫孩子"差生"就等於誰向孩子捅刀子。

三、男教師缺乏，男孩更受影響

　　男孩們為何顯得柔弱、嬌氣？這與他們從幼兒園到初中所處的學校環境不無關係，在性格發展的關鍵時期，男孩子們基本都處在母親和女教師的影響圈內。

一位女老師談到這個問題時，深有感觸：「從幼兒園到小學、中學，大部分老師都是女老師」。她的兒子在小學五年級才第一次碰到男老師，「當時，他非常開心」。由於這位男老師是體育老師，於是她的兒子就開始天天練跑步，後來還進了田徑隊，「因為有積極性了，連暑假都去鍛煉，而他對女老師只有兩個字——『很煩』。」這位老師還表示：女性教育和男性不同，女性比較細膩，而男生需要更堅毅更寬鬆的教育。

　　另一位小學女校長也觀察到，在戶外活動中，男老師的帶動性特別強，會讓孩子們更積極主動、全身心地投入活動中。當孩子感到焦慮或有困難哭泣時，男老師會以特有的方式來安慰他們，讓他們感到自信和快樂。

　　值得注意的是，我國的絕大多數中小學校都面臨同樣的難題：缺乏男老師。根據教育部官方網站的統計數據[1]：2014 年，學前教育階段，女教師比例為 97.94%，小學階段為 62.09%，初中階段為 52.56%，高中階段為 50.55%。

　　《國家教育督導報告 2008》對我國義務教育階段的教師狀況進行了分析，報告顯示女教師比例高於男教師，尤其是東部女教師比例高於中部、中部高於西部地區，城市女教師比例高於農村，特別是城市小學女教師的比例高達 79%。北京市 2006 年義務教育教學質量監控與評價報告顯示：在參與調查的 9 個區縣 180 所學校中，女教師比例高達 81.3%，男教師比例僅為 18.7%。報告稱，中小學教師性別比不均衡問題仍然非常嚴重。

　　據 2016 年 5 月 25 日的《中國教育報》的報道：華東師範大學丁鋼教授在 2010-2011 年主持的「全國高等師範院校師範生培養狀況調查」顯示，在校師範生的男女比例表現出明顯的不均衡特點，女生達 65.3%，男生僅

① http://www.moe.gov.cn/s78/A03/moe_560/jytjsj_2014/2014_qg/201509/t20150902_205061.html

佔 34.7%。山東省 2015 屆師範畢業生中，女生 29,307 人，男生 9,188 人，女生是男生的三倍多。

（一）男教師，對男孩更有幫助

在《男生需要男教師的五大理由》一文中，教育專家彼得‧維斯特認為：有充足的理由證明，男教師的存在將給課堂和運動場帶來不同，他們將以女教師所不能的方式給男生提供幫助，他對這一觀點給出具體的解釋[1]：

首先，男孩在成長的過程中需要讓自己表現出男性的特徵，但學校裏女性多而男性少。按照塞巴斯蒂安‧克萊默在《英國醫學雜誌》上所說的那樣，為了表現出自己是男性，男孩必須拒絕所謂的 "異性特徵"。但由於缺乏多種多樣的男子漢典型，男孩們就會選擇媒體上大肆炒作的 "過度陽剛" 的男性作為自己的榜樣，如職業球員。這顯然不是大多數父母所期望的。

其次，男孩從男教師那裏獲得的體驗有別於女教師。男性的嗓音音量更大，更低沉。我教過的很多男教師反映，男孩們在操場上聽他們的指揮，也願意跟他們談心。如果是女教師，他們則很可能不說。

第三，男教師對男孩特有的行為似乎更寬容。在我的培訓小組裏，教師們反映，男孩 "嗓門大，更吵鬧、更粗野"。這些行為更容易被男教師容忍，因為他們自己也這麼過來的。

---

[1] 彼得‧維斯特，男生需要男教師的五大理由，中國教師報，2004 年 3 月 17 日。

第四，男教師的教學方式與女教師有所不同。研究發現，男教師在上課的時候會講更多的笑話，語言更簡捷，對科學和數學更加重視。如果用悉尼學者劉易斯和巴切爾的話來說，就是“更幽默”。理解男性行為的關鍵，很大程度上在於對男性幽默的理解。新西蘭一個關於男孩學習困難的研究呼籲，應該讓男孩接觸盡可能多的學習風格。如果男孩在教室裏只能看到女教師，他們只能了解一半人口的學習風格。

　　第五，英國有很多關於男孩問題的研究把評價作為重點。根據英國學者安妮特·麥克唐納的研究，如果學校的大多數教師是女性，學校會傾向於採用女性喜歡的教學方式和評價方法。比如，相同的作業，如果外觀整潔則會獲得更高的評價。但男教師也許會更願意幫助男孩通過別的更易接受的方式來呈現作業，如通過電腦。

　　英國負責師資培訓的“訓練與發展機構”曾針對一千多名男性做了一項調查。調查結果中，近一半的人認為，小學時代的男老師對他們的學習生涯影響最大。接受調查者還表示，男老師是促使他們更努力用功的動力；22% 的人表示，男老師增加了他們的自信。英國政府顧問、臨床心理學家坦尼亞·拜倫博士也認同男老師的重要性，認為“他們是男孩早期的榜樣。”

（二）男生，學習更依賴於教師

　　《中國教師報》2007 年 7 月 30 日曾刊登了《調查發現：男生學習更依賴於教師》一文，引述了英國教育的監督機構 —— 教育標準局的研究報告：

　　之所以男生在幾乎所有的科目上成績都不如女孩，是因為男孩比女孩對教師更挑剔。同時，英國的督學們還發現，男孩更容易在一個不利於學習的氛圍中成為犧牲品。但是，在那些男孩的進步快於女孩的學校，研究發現，如果在傳統的 3R 教育（閱讀、寫作和算術）基礎上再加上第四個 R —— 尊重教師（Respect for their teachers），男孩就能在學習上趕超女孩。

　　"督學們發現，相對於女孩來說，教學質量的好壞對男孩的影響更大。"報告說，"如果教師的教學水平很平庸，女孩通常也能學習，但對男生來說，事情就不那麼簡單。"

　　有證據顯示，當遇到一名不受尊敬的老師的時候，男孩比女孩更容易受影響，更容易放棄。

　　受男孩尊敬的教師，一般有嚴格的紀律要求，對學生有較高的期望，能給予個體充分的關注，對所教的學科充滿激情且知識豐富，課堂教學組織嚴密，讓學生既能感受到競爭又能感受到快樂。同時，他們還能讓學生在短期有明確的學習目標，並得到及時的反饋，在對學生進行獎勵和表揚時很慷慨。

　　督學們發現，對於有這些特點的教師，女生同樣也很欣賞，但當教師不具備這些特點時，女孩的表現要比男孩好。"男孩似乎特別看重教師對自己的關注，如果他們知道自己在教師的密切關注之下，他們學起來會更加努力。"報告說，"男生似乎需要有明確的學習目標，並需要通過取得明顯的進步來維持學習的動機。在學校裏，不利於學習的壓力給男生的學習造成了障礙。

　　從這些論述及相關研究可以看出，男孩比女孩更需要男教師，男教師缺乏給男孩造成的損失超過女孩，並使男孩在校園的困境進一步惡化。

第二章

也是父母危機

缺乏父愛的男孩會成長為危險男人。

——麥道衞

男孩危機是一種教育危機，學校教育男孩的方式出了問題。在利益的誘惑和驅動下，在競爭壓力的迫使之下，許多學校主動或被動地被綁上了應試教育的戰車，這是造成男孩危機的體制性根源。

但是，父母也對男孩危機負有不可推卸的責任。太多的父親在男孩的教育中缺席，或是忙於工作，或是受限於嚴父的性別偏見而放棄了為父的責任。他們的男孩從小就整天處在女性的重重包圍之中，從小身邊就缺少可資模仿的男性榜樣，不知道該怎樣成長為一個真正的男人。

太多的母親，沒有意識到男孩更為強烈的獨立需要，她們的過度保護和非理性的溺愛，窒息了男孩的陽剛、勇敢與堅強。她們不知道自己無意之中已經阻礙到男孩健康的成長。

太多的父母沒有意識到應試教育對男孩的傷害，相反還可能推波助瀾，導致男孩危機進一步惡化。有些父母雖然有所警覺，卻又束手無策，眼睜睜地看着男孩滑向危機的深淵。

男孩危機也是父母危機，因為許多父母放棄了自身的責任，把教育男孩的任務完全託付給了學校教育這種工廠化教育體系。

↳ 一、父教缺失，讓男孩的成長更危險

父教缺失 —— 來自一個孩子的疑問[1]

一直以來，我都以為男孩是爸爸生的，女孩才是媽媽生的。昨天我的小姨在醫院裏生下了一個小弟弟，我才明白：原來男孩也是媽媽生的。那麼，要爸爸幹啥呢？

爸爸每天早出晚歸，一回家就懶洋洋地靠在沙發上看電視看報紙。

---

① 蔣英姿，要爸爸幹啥，少年兒童研究，2000 年第 12 期。

他既不會燒菜做飯，也不會洗碗刷鍋，連被子也不會疊。他的髒衣服臭襪子全是媽媽洗乾淨的。他坐在沙發上的時候還要把我們支得團團轉，給他倒茶拿煙灰缸、端洗腳水、遞拖鞋。他看到掃帚倒地也不會去扶一下。可他對我們說一定要從小養成愛勞動的好習慣時一點也不臉紅。

他自己做不到的事總要求我們去做。他沒上過大學，他就千方百計地想把我們整入大學。他對我們的吃喝拉撒和喜怒哀樂從不操心，可他對我們的學習要求很嚴格，每天晚上都要檢查家庭作業，抽查白天沒有學過的課文，過不了關就別想睡覺。他平時寡言少語，但教訓起我們來卻口若懸河、滔滔不絕。他從來就看不到我們身上的優點，也從來沒表揚過我們。有一回我考了第二名，只比第一少了一分，心想這回爸爸該滿意了吧！誰知他拿過我的通知書質問我好幾遍："為什麼要比人家少了一分？同樣的老師同樣的教材同樣長着一顆腦袋同樣一雙手同樣兩隻眼睛同樣兩個耳朵同樣從早到晚坐在教室裏，你為什麼就心甘情願比人家差？"我心裏不服氣，不就是差一分嗎？還有那麼多不如我的人呢，就會讓我比這個比那個，你自己為什麼就不比比人家？

爸爸從外面回來，從不像媽媽那樣為我們帶點小禮物，所以我們對他的來去也從不關心。媽媽外出一天，我們總覺得有一年那麼漫長，而爸爸出去幾個月我們都不會想他。他不在家的時候我們都不會想他。他不在家我們反而玩得更自在。

讀完這篇文章，父親們有何感想？您是不是這樣的父親，在孩子的生活中有意無意中缺席了？

（一）父教缺失，對男孩成長具有破壞性影響

"養不教，父之過。" 眾多證據早已表明，父教缺失對男孩成長具有諸多方面破壞性的影響。

父教缺失對孩子最大的破壞性影響就是孩子長大以後更容易違法犯罪。

我們不妨先看看三組冷冰冰的數據[1]：

第一組數據來自美國父道組織的調查：美國 70% 的少年犯出自單親家庭；60% 的強姦犯、72% 的少年兇殺犯、70% 的長期服役犯人來自無父家庭；90% 的無家可歸和離家出走的孩子來自無父家庭；戒毒中心有 75% 的青少年來自無父家庭；80% 的強姦犯的動機來源於無父家庭轉移的憤怒。

第二組數據來自美國前總統奧巴馬 2008 年父親節講演時的統計數據：生活中沒有父親的孩子將來落入貧困或犯罪的可能性比一般孩子高出五倍；他們將來棄學的可能性高出九倍；將來被關進監獄的可能性高出 20 倍。他們更有可能出現行為問題，更有可能離家出走，更有可能在未成年時就當上父母。

第三組數據來自國內，北京軍區總醫院青少年成長基地近幾年研究發現：孩子成長過程中出現的行為問題和成癮性的人格特點，其首要責任在父親。該基地對所收治的網絡成癮病例的統計發現，排名第一的傷害是父愛缺失，佔 87%。

父教缺失，影響男孩子的性別化進程

現在許多男孩之所以 "很娘"，一個重要原因是父親榜樣的缺失。心理

---

[1] 杜布森，培育男孩，中國社會科學院出版社，2007 年。

學有關性別角色形成的理論都比較一致地強調父親在孩子性別化過程中的特殊作用。

弗洛伊德認為：男孩在發展過程中會有意識無意識地模仿父親的角色和行為，從而形成具有鮮明性別特徵的行為。學習理論則強調榜樣的作用，認為父親為孩子提供了一種男性的榜樣和行為模式，男孩往往把父親看作為未來發展的模型而去模仿父親。

美國父親角色研究的專家羅斯‧派克認為[1]：由於父親往往以更加鮮明的、更加差異化的方式與兒子和女兒互動，父親在孩子的性別角色發展中比母親起着更為關鍵的作用。相關研究證實[2]：如果父親在家中是果斷的、具有支配性，男孩往往表現出高度的男性化；如果父親在家裏是軟弱而母親具有支配性，男孩會表現出更多的女性化特徵。

心理學家麥克‧閔尼的研究結果指出：與那些一星期內接觸父親不到六小時的男孩相比，每天與父親接觸不少於兩小時的男孩，更有男子漢氣質，他們所從事的活動更開放，他們更具有進取精神，也更願意去冒險。

父教缺失，影響孩子的心理健康

父教缺失對孩子最常見的影響就是 "父愛缺乏綜合症"，患此症的孩子的主要特點有：過分怕羞、情緒沮喪、自暴自棄、不求上進、少言寡語、不愛集體、厭惡交友、急躁衝動、喜怒無常、害怕失敗、感情冷漠，嚴重者還可能上學逃課、早戀、離家出走、偷盜、甚至喜好暴力。

德、日兩國的兒童心理疾病治療專家聯合對兩國的三千多名少年兒童

---

① 羅斯‧派克，父親角色，遼海出版社，2000 年。
② 李澤志、袁妮，論父親在親子關係中的作用，四川教育學院學報，2006 年第 2 期。

進行了一項專題調查，結果發現[1]：缺乏父愛的年齡越小，越容易患上"父愛缺乏綜合症"。而且此症對於男孩的影響更嚴重，男童患上此症的可能性要比同齡女童高一倍。

對挪威海員的兒子的研究表明[2]：因為水手父親經常要離家數月，男孩往往不合群、羞澀、膽怯，不願意玩劇烈刺激的遊戲。

美國的"全國青年縱向研究"發現[3]：凡是父親離去的家庭，其孩子常常容易發生同伴問題，父親在家的白人男孩，只有9%的人被評價為"不被同伴喜歡"，而父親不在的白人男孩，約23%的人被評價為不合群。

（二）父親們到哪裏去了？

觀察性學習是兒童的一種主要學習方式，兒童從父親的言談舉止中觀察什麼是男人、什麼是丈夫、什麼是父親。兒童從母親的身上觀察什麼是女人、什麼是妻子、什麼是母親。兒童還從父母身上觀察什麼是愛情和婚姻，男人和女人怎麼樣合作。因此，父母是對孩子影響最為長久也最為深刻的榜樣，父親是對男孩成長起決定性作用的人。由於父親如此重要，我們特別關注父親的存在，並注意到這樣一個令人憂心的社會現實 —— 父教缺失。

中美日韓四國的研究者聯合開展的一項研究證實，即使在正常家庭

---

① 盧清、曾彬，對當前子女教育中"父親缺位"現象的思考，西華大學學報（哲學社會科學版），2004 年第 12 期。

② D.B.Lynn，W.L.Sawrey.The effect of Father Absence on Norwegian Boys and Girls, Journal of Abnormal and Social Psychology,1959.

③ 羅斯‧派克，父親角色，遼海出版社，2000 年。

中，父親也已經遠離了孩子的情感中心，中國高中生將父親選作第六傾訴對象，排在同性朋友、母親、異性朋友、兄弟姐妹、甚至網友之後，其他三國的高中生也僅將父親視為第五傾訴對象。

在男孩的成長過程中，一些父親由於離異或其他原因而導致父教的缺失；更多的父親雖是完整家庭的一員，但實際上並沒有盡到父親的教養責任，他們的孩子同樣陷入成長危機。我們把這些現象統統都稱為"父教缺失"。

父親離開了孩子

近年來我國的離婚率迅速攀升，單親家庭的數量也隨之不斷增多。數據顯示[1]：從 1979 年到 2006 年，我國以離婚對數與結婚對數之比來計算的離婚率已從 4.7% 上升到 20%，上海同期則從 5% 上升到 29%，由此導致單親家庭的數量也顯著上升，中國目前的單親家庭總數是一個極其龐大的數量。我們知道，大部分單親家庭是由單身媽媽及其孩子組成的，所以可以估計單親家庭中父教缺失的現象相當普遍。

父親疏忽了責任

即使在完整家庭中，父教缺失也成了日益嚴重的現象，相當多的父親專注於工作和事業，而把培養和教育子女的責任完全交付於母親。

中國青少年研究中心 2005 年"當代中國少年兒童發展狀況調查"的數據顯示，在被問到"心情不好時，誰最能理解、安慰你"時，僅有 10.0% 的少年兒童選擇了父親，排在第四位；在被問到"空閒時間，你和誰在一

---

① 李夢娟，中國高離婚率調查，政府法制，2008 年第 14 期。

起的時間最長"時，僅有 6.9% 的少年兒童選擇了父親，排在第五位；在被問到"誰最尊重你，讓你感到很自信"時，僅有 15.5% 的少年兒童選擇了父親，排在第四位；在被問到"內心的秘密，你最願意告訴誰"時，僅有 8.5% 的少年兒童選擇了父親，排在第四位。可見，無論在情感、陪伴、尊重、親密還是在問題解決方面，母親都扮演着非常重要的角色，而父親為孩子提供的支持都不多，這說明父親在孩子成長中並沒有承擔應盡的責任。

對天津市九個區縣 1,054 人的調查顯示[1]：在一半以上的家庭存在子女教育父親"缺位"的情況，母親是子女教育的絕對主角。對吉林省長春市年齡為 3-13 歲兒童的父母共 360 人的調查發現：在小學兒童中，有 9% 的父親稱每天陪伴孩子的時間為零，有 22.2% 的父親稱每天最多只有一小時的時間能陪伴自己的孩子。對北京地區 3-6 歲幼兒的父親的調查發現：父親與孩子的交往少於母親與孩子的交往，80% 的父親認為自己工作忙，沒有時間與孩子交往。

新浪網調查顯示[2]，在 1988 名被調查者中，60.7% 認為"現在的孩子缺失父教"，26.3%"覺得不好說"，僅 13.0% 認為"父教並不缺失"。在回答"在你的成長過程中，誰承擔了更多教育責任？"時，46.9% 選擇了母親，28.7% 表示"父母均擔"，11.4% 選擇其他，僅有 13.0% 表示是父親。

當個負責任的好父親並不是一件容易的事情，因為是整個社會通過許多方式隔絕了父親參與子女的教育。傳統的"男主外，女主內"的性別分工仍然制約着人們的思想和行為方式，使父親對養育孩子的事情敬而遠之，甚至漠不關心。社會的工作結構和政策制度也在強化着父母角色的差

① 周潤健，天津一半以上的家庭存在子女教育父親"缺位"，http://news.sohu.com/20081017/n260078764.shtml。
② 黃沖、韓妹，民調顯示：60.7% 網友認同中國父教缺失，中國青年報，2009 年 4 月 7 日。

異，將教育孩子的職責指向母親，使父親對孩子教育投入的時間相對減少。另外，傳統的 "嚴父" 刻板印象也降低了父親對孩子表達關愛的意願和能力。這種社會文化的影響如此強大，所以我們看到遠離孩子的教育並不是個別父親的選擇，而是一種普遍的社會現象。

測驗：您是一個缺席的父親嗎？

如果您是一位父親，請您在下面一些有關父親教養行為的陳述中進行選擇。

1. 教育兒子，我（父親）不是配角，父親和母親同樣重要。

　　是（　　）　　否（　　）

2. 我（父親）每個學期至少去開一次家長會。

　　是（　　）　　否（　　）

3. 我（父親）知道兒子的身高和體重。

　　是（　　）　　否（　　）

4. 我（父親）知道兒子的班主任的名字。

　　是（　　）　　否（　　）

5. 我（父親）知道兒子上學所用教材是哪個出版社出版的。

　　是（　　）　　否（　　）

6. 我（父親）平均每天專門陪伴兒子的有效時間不少於 30 分鐘。

　　是（　　）　　否（　　）

7. 我（父親）去外地時總會給兒子打電話。

　　是（　　）　　否（　　）

8. 我（父親）知道兒子好朋友的名字。

　　是（　　）　　否（　　）

9. 兒子有心事時，願意跟我（父親）分享。

　　是（　　）　　否（　　）

10. 兒子願意跟我（父親）一起說話聊天。

　　是（　　）　　否（　　）

11. 兒子遇到困難時，願意徵求我（父親）的意見。

　　是（　　）　　否（　　）

12. 我（父親）知道兒子喜歡什麼，不喜歡什麼。

　　是（　　）　　否（　　）

以上 12 個問題的答案都為 "是"。如果在以上 12 個問題中，您有 8 個的回答為 "是"，那麼您是一位合格的老爸，您在兒子的生活中扮演一個比較重要的角色，您沒有缺席。如果您對以上 12 個問題的回答都為 "是"，恭喜您！您是一個超級棒老爸！兒子將為有您這樣一個老爸而感到驕傲！如果您回答 "是" 的數量少於 8 個，那麼您應該警惕了，您極可能是一位 "不合格" 的老爸。

↳ 二、母親 "溺愛"，讓男孩永遠長不大

2012 年，一則題為《杭州男相親 13 次都失敗，戀母情結是主因》新聞報道[①]特別吸引我們的注意力：一位姓丁的 28 歲男青年，"學歷不錯，工作不錯，長得也乾淨精神，初次見面的女生對他都很滿意"。但是卻連續相親 13 次，次次以失敗告終。原因何在？原來是 "戀母情結" 在作怪：丁某大事小事都喜歡聽媽媽的；讀高中時還會和媽媽手拉手逛街；在找戀人時，他時時處處以媽媽為樣板。

2009 年 9 月，我（孫雲曉）應邀去河北某城市講課，課後，一位中年母親找我諮詢。等別的父母離開後，她悄悄問我，說兒子已經是初中一年

---

① 杭州男相親 13 次都失敗　戀母情結是主因，http://news.idoican.com.cn/ykouwb/html/2012-03/30/node_32025.htm。

級的學生了，還是總願意和媽媽睡一張床，有時還要吃奶，她也覺得似乎不好卻不忍心拒絕，問我這是否正常？經了解，這位母親正與丈夫分居。我告訴她，這種溺愛孩子的做法當然是不正常的行為，對於青春期的孩子傷害尤其嚴重，而改變需要從母親自身做起。

有一位膽小怕事、性格拘謹內向的小夥子找心理醫生諮詢，他說："母親對我的愛太深了！我讀高中三年級，她都不肯我坐校車到學校去。我苦苦哀求，她才讓我坐校車。她怕我在外面受到傷害，所以她天天開車，把我送到學校並接我回家，這給她增加了許多負擔。她真的是太愛我了！"

我們都承認母愛對家庭教育的質量有重要影響，充滿愛的教育給孩子帶來幸福，缺乏愛的教育只能導致孩子的不幸。但是，那些教育失敗的母親很少有人會承認自己不愛孩子，問題的癥結在於她們誤解了母愛的內涵。

上面那兩位母親的行為是真正的愛嗎？她們了解愛的本質嗎？

這不是真正的愛，而是溺愛，它以愛為名義，而實際上剝奪孩子的自由，剝奪了孩子的成長機會。記得 1991 年 6 月，當我（孫雲曉）採訪著名作家冰心時，這位飽經滄桑的 92 歲老人說道："我長大了才明白，並不是每個人都能得到母愛。有時候，母愛並不是健康的，反而害了子女！譬如'小皇帝'的出現，就因為母愛不健康。"我問："您是指溺愛孩子嗎？"老人點點頭，回答："對！'小皇帝'是獨生子，什麼事情都聽他的，什麼東西都任他享受，這就會害了他。"

溺愛有兩個主要特徵：一是過分滿足，不考慮孩子的要求合不合理，無原則地予以滿足；二是過度保護，不願意讓孩子面對困難，遇到問題包辦代替。

在生育和養育過程中，母親付出了無數的心血，生養於一體加之母性的本能使母親更容易溺愛孩子。

（一）"溺愛"，對男孩傷害大

　　"溺"字在詞典上解釋為"淹沒"。如果父母的"愛"流橫溢，氾濫起來，那也會"淹沒"孩子的，也就是所謂的溺愛。溺愛實際上是一種軟暴力，是一種失去理智的行為，是極端自私的表現。溺愛是在愛的名義下行自私之實，溺愛的目的是使孩子依賴父母。溺愛不是真正的愛。真正的愛是理解和尊重，以恰當的教育促進孩子的成長。

　　溺愛之所以讓男孩所受到的傷害比女孩更多，因為男孩天性更脆弱、更叛逆、更不願被束縛，社會又要求他們必須成為勇敢、剛強、獨立、負責、有愛心的男子漢，而溺愛正是這些品質形成的天敵，足以摧毀其中任何一種品質，使培養男子漢的理想成為泡影。

溺愛，讓脆弱的男孩更軟弱

　　一隻幼蝶正從已裂開一條縫的繭中痛苦地掙扎着，有好心人於心不忍，便拿剪刀把繭剪開，幫助蝴蝶脫繭而出。可是，這隻早產的蝴蝶卻身體軟弱，翅膀乾癟，根本飛不起來，不久便死去了。原來，幼蝶在繭中的掙扎是在鍛煉自己，讓身體更加結實，翅膀更加有力，使自己脫繭後能夠飛翔，恰恰是那顆充滿同情的"愛心"害死了這隻本可翩翩起舞的蝴蝶。

　　像幼蝶一樣，男孩要成長為真正的男子漢，一定要經過痛苦的掙扎。如果在成長的過程中，由於母親的溺愛而人為地剝奪了他們面對困難和挫折的機會，剝奪了他們磨煉和完善自己的機會，就會使男孩在心理上感覺自己軟弱無能。包辦代替其實向男孩傳遞這樣一個信息：你不行，你做不好，我們對你不放心，所以才幫你。長此以往，這種信息就會內化為男孩自我概念的一部分，認為自己是無法獨立應付外界的困難的，是需要依賴他人幫助的。他會因此而缺乏面對困難的信心和勇氣，缺乏承受挫折的能力，進而缺乏解決現實問題的能力。這種軟弱的心理和行為方式會逐漸演化為男孩的人格。一旦轉化為人格，男孩就會習慣性地自暴自棄，怨天尤人。在這個競爭日趨激烈的社會中，這樣的男孩連自身的生存都有可能成為問題。

溺愛，摧毀男孩的愛心

有一個倍受寵愛的 12 歲男孩，由於平時父母的溺愛，養成不管什麼好東西都自己先吃的習慣。在奶奶 60 大壽時，非要先吃一塊生日蛋糕。父親不允，兒子犯橫道："不讓我先吃，你們誰都甭想吃！"一巴掌把生日蛋糕打翻在地。奶奶哭道："我愛了你 12 年，你愛我一天也不行嗎？"

其實，溺愛與愛心培養背道而馳，溺愛的結果往往會扼殺男孩的愛心。當媽媽身體不舒服或生病時，小男孩也會本能地表示關心："媽媽，您怎麼啦？您哪裏不舒服？"許多媽媽的反應是："兒子，我沒事，死不了，不用管我，你玩你的"，甚至不顧自己的身體，硬撐着給孩子做飯。一次兩次，當次數多了，本來就不夠敏感的男孩就會理所當然地認為媽媽是"鐵打"的，舒不舒服，生不生病，都不用別人關心，他的愛心就會逐漸萎縮。當父母年邁體衰多病時，需要孩子奉獻孝心時，他們會發現兒子是一個對父母漠不關心、沒有愛心的孩子，後悔為時已晚。

發現媽媽不舒服，孩子動了惻隱之心，這是十分自然並且容易見效的教育契機。孟子說，惻隱之心，人皆有之；惻隱之心，仁之端也。意思是說，同情心人人都有，同情心是愛的萌芽。所謂仁就是現代意義上的愛。在日常生活中，有很多很好的培養孩子愛心的機會，卻被溺愛變成了訓練孩子麻木不仁的過程，父母往往用自己的愛心摧毀了孩子的愛心。

溺愛，讓男孩更不受歡迎

女孩（女性）是天生的人際關係行家，男孩從出生那一天起就處於劣勢，溺愛則會雪上加霜，使男孩原本就落後的人際關係表現得更糟糕。

溺愛常常會使男孩自視甚高、自我中心。在家裏，父母圍繞着男孩轉，他成為小皇帝，習慣了眾星捧月般的待遇，走出家門以後，他仍然希望得到同樣的待遇，時時處處只為自己着想，只考慮自己的利益，有意無意的冒犯別人，這樣的男孩往往最不受歡迎。

人際關係的建立是個雙向的過程，要收穫，必須先付出。被溺愛的男孩已經習慣了單向的索取，他會認為他人的關心和幫助是理所當然的事情。這樣的男孩不知道需要付出，更不知道該付出什麼，如何付出，他不可能有什麼好的人際關係。

被溺愛的男孩，人際交往的範圍往往很小，局限於父母與家庭，缺乏與人交流的體驗，人際交往的能力很差。一旦在與別人交往中遇到挫折，他們就會很自然的退縮回父母的懷抱，形成惡性循環：越缺乏交往的能力，就越不願意與人交往；越不願意與人交往，就越缺乏人際交往的能力。長此以往，還會形成孤僻、內向的性格。

（二）溺子如害子

著名的教育家馬卡連柯曾說過："你想害死你的孩子嗎？請給他足夠多的幸福，這就可以害死他了。"

俗話說"溺子如害子"，無條件地縱容孩子往往導致"慾壑難填"，自私自利、自我中心而自我毀滅。生活中就從來不缺乏這樣的悲劇。

　　陳小東是北京一個普通的工薪家庭的孩子，雖然家裏並不富裕，但從小時候起，只要陳小東想要的，父母都會盡力滿足。他們節衣縮食，為的是給兒子買最好的東西。五六歲時，為了買一件玩具，他哭鬧着不依，對母親又打又踢，還扯下了母親的一縷頭髮，直到最終如願。

　　中專畢業走上工作崗位以後，父母依然每月給陳小冬 500 元至 1,000 元零花錢。陳小東的母親患癌症多年，他卻連母親患什麼癌都不知道。從小嬌生慣養，工作以後他不願擠公共汽車，就要求父母用盡所有積蓄為自己買車，卻從未想過母親的病需要大量的醫藥費。父母先為愛車的兒子買了摩托車，後又貸款買了兩輛汽車，但這樣的付出並沒有換來兒子的回報與關愛。陳小東認為這一切都是應該的，“可能是我長期以來想要的東西都太容易得到了吧，所以對這些都沒感覺要珍惜”。

　　沉溺於享樂中的陳小東迷上了賭博。一直省吃儉用的父母再也無力滿足陳小東這樣奢侈的生活，他就自己想出了一個快速賺錢的方法 —— 租車抵押。陳小東用這樣的手段，短短四個月內騙租得 20 輛汽車，涉案金額高達 171 萬餘元。最後因詐騙罪入獄。

　　在提訊陳小東時，檢察官發現，他其實是個單純的大男孩，做事不考慮後果，也不為長遠着想。對無辜的被害人，陳小東沒有絲毫愧疚，認為他們“活該，誰讓他們貪小便宜的”；對為自己操勞一生而心力交瘁的父母，陳小東也沒有關心和慚愧，只有埋怨；對自己的未來，他也顯得很無所謂：“大不了在裏面待十幾年，怎麼着不是活啊，出來不才三十多歲嘛……”

　　與女孩相比，男孩出現各種問題行為的可能性更高，他們的暴力犯罪傾向也遠遠高於女孩，未成年犯管教所裏 90% 以上是男孩。在暴力犯罪面前，男孩本身就像個火藥桶，母親的溺愛，更可怕的後果就是點燃貪慾的導火索，把男孩推向犯罪的深淵。

研究數據證實，溺愛與犯罪之間有很強的關聯[1]。對湖北省某縣 167 名（男性 113 名、女性 54 名）11-18 歲的違法犯罪青少年及其家庭的調查發現，這些違法犯罪青少年父母的教養方式：民主型約佔 3%，放任型佔 29%，粗暴型佔 20%，溺愛型最多，佔 44%。

（三）停止溺愛吧 —— 一個男孩的吶喊

事實上，許多父母溺愛孩子是近乎 "關愛強迫症" 狀態的，中央音樂學院副院長周海宏教授認為，這是父母對溺愛孩子的依賴性，即不管孩子需不需要或是否願意，我非溺愛他不可。處於母親的關愛強迫下的男孩也會深感痛苦，一個男孩曾發出這樣無助的吶喊：我該如何阻止母親毀滅式的溺愛？

毀滅式，為什麼我要稱我母親對我的愛為毀滅式呢？我母親太愛我了，以至於這種愛已經根植到她的血液中，她願意為我做任何事，這樣做甚至可以算得上是包辦，但是我深知這樣的愛將不但摧毀我這個人，更將摧毀我的人生。

我身邊不乏溺愛所造成嚴重後果的例子，一個變成了不會說話的啞巴，不願交際，只願意和母親講話，其他的都不敢說話；一個變成了生活不能自理的人，什麼事情都不會做，連上大學都叫媽媽每天陪伴着，

---

① 萬自新，變調的愛——關於家庭溺愛問題的犯罪學思考，青少年犯罪問題，1997 年第 2 期。

一起睡覺；一個變成了沒有主見，完全聽從於父母的"乖孩子"，穿的衣服，買的鞋子，頭上的髮型，全由父母一手操辦，使得他的打扮完全和一個小學生一樣，與其年齡極其不符。我不想變成這個樣子，我害怕，我憤恨。

我每天每天跟她講道理，說溺愛會毀了我，可是每次吃飯時她還是會不停地給我夾菜，吃掉一口，夾一次菜，吃掉一口，夾一次菜，我說你不要再給我夾菜了，我自己會夾菜，讓我自己來，可是她還是會習慣性地夾菜給我。我恨吶，我罵過她，我咆哮，可是第二天她還是會故伎重演。我父親是不支持她對我的溺愛的，也多次提出不要再這樣溺愛，可是她依舊溺愛着我。

這簡直就是一種變相的折磨，折磨我的靈魂和肉體，我現在已經不能離開這樣的愛了。這種愛使我墮落，使我沉迷，使我依賴。可是我母親一天不放棄對我的這種折磨，我就一天不能從這種愛河中探出頭來，只要我稍稍往上，她便會水漲上來又把我淹沒。我不停地掙扎，不停地吶喊，可是我卻怎麼也逃不出這無邊無際的毀滅式的愛河。我說你別做了，讓我做吧，我已經這麼大了，可是她每次都搶着把所有事都做了。她包辦了一切事情，更助長了我的惰性。她不辭辛勞地做着，她默默無聞地做着，她任勞任怨地做着。不論我好說歹說，罵過哭過，她都不會讓你做一點點的事情。我不要！我不要你這樣地愛我，我不要，我不要……

青春期的男孩急迫地想要成長為男人，有一些男孩會對自己能成為什麼樣的男人而心存害怕。這時候，母親的溺愛會讓孩子感覺自己被她吞沒了，男孩不得不激烈地掙扎、反抗，這也是很多母親感到難以與青春期的兒子相處的一個重要原因。

　　父母的愛對孩子的成長至關重要，沐浴着父母之愛的孩子，心靈能得以健全發展。但是，今天，許多父母卻走向了兩個極端，一些父親疏於或完全放棄了對兒子的關懷，一些母親用不健康的愛把兒子緊緊包裹。在這樣的環境中，千百萬男孩的心智受到了損害。

　　父母是否能夠通過改變教育方式來拯救男孩？

　　答案是肯定的。我們堅信，父母仍可大有作為，每一位父母都有能力成為合格的父母。

測驗：您是一個溺愛孩子的母親嗎？

如果您是一位母親，請在下面的選擇中劃勾。

1. 只要條件許可，我會盡可能地滿足孩子的要求。

　　是（　　　）　　否（　　　）

2. 小孩子寵不壞。

　　是（　　　）　　否（　　　）

3. 只有富人家才會溺愛孩子。

　　是（　　　）　　否（　　　）

4. 不管合理不合理，孩子高興最重要。

　　是（　　　）　　否（　　　）

5. 在生活上，我優先滿足孩子的要求。

　　是（　　　）　　否（　　　）

6. 我不忍心拒絕孩子的要求，哪怕這些要求不太合理。

　　是（　　　）　　否（　　　）

7. 孩子想要的東西，我總是千方百計予以滿足。

　　是（　　　）　　否（　　　）

8. 別的孩子有的東西，我的孩子一定要有。

　　是（　　　）　　否（　　　）

以上 8 個問題的正確答案都為 "否"。

在以上 8 個問題中，如果您有 6 個問題的回答為 "是"，您極有可能是一位溺愛兒子的母親。您要當心了！時間一長，不知不覺中兒子會被您寵壞的！

如果您在以上所有 8 個問題的回答都為 "是"，您應該懸崖勒馬了！您需要立即改變您的溺愛行為！

第三章
還是流行文化危機

"超女"選出來一個"男"的,"好男兒"選出來一個"女"的。

——韓寒

在這個信息時代,便利的信息傳播使我們難以抗拒偶像的影響力。隨着超女李宇春的走紅,大街上中性裝扮的人越來越多,我們有時不由地感歎:安能辨我是雄雌?

作為社會性動物,我們每個人的性別形成與發展,自然受到社會文化的影響,男孩也不例外。

流行文化對我們成年人來說,沒有太大的危害性影響,因為我們成人的性別角色早已確立。對性別角色尚未確定的兒童青少年來說，不良的流行文化危及他們的性別角色的形成與塑造。

男孩危機，在某種程度也可以說是流行文化的危機，近幾年盛行的選秀文化、中性化文化對男孩危機起到了推波助瀾的作用。

當然，文化危機的背後，是對某些性別理論的誤讀，更深層次，則是我們的性別哲學出了問題。

一、選秀之風甚盛

2004 年，"超級女聲" 橫空出世，吸引無數眼球，開創了內地選秀的先河。

2007 年，"快樂男生" 粉墨登場，進一步炒火了選秀之風。眾電視臺一闖而上，爭食選秀這塊大商業蛋糕，連一向 "高高在上" 的央視也利用《夢想中國》這個平臺打開了 "海選" 的大門。除此之外，上海的東方衛視，不僅推出動感十足的《我型我秀》，還趁熱打鐵推出了第一個面向全國的男性選秀節目《加油好男兒》。

2010 年，"快樂男聲" 南充分賽區，一個名叫劉著的男生，因着煙燻妝、穿藍色絲襪和高跟鞋而引起社會關注。憑藉着出位的女性打扮和女性化的表演，劉著成為名噪一時的 "偽娘"。

2009 年，一個名叫 "艾麗絲偽娘團" 的社團成立了，這是一群 "偽娘"

成立的組織。

中國大地，選秀之風，此起彼伏，它充斥着校園，充斥着老百姓飯桌的談資，也充斥着兒童青少年的頭腦。

選秀選出了什麼？

我們先看眾“超女”——李宇春、周筆暢、厲娜，一個比一個不“淑女”，一個比一個陽剛，典型的女生男相，她們拒絕長髮，拒絕裙子……

我們再看看“好男兒”——向鼎、馬天宇等等，明明是“男兒郎”，卻清秀嬌弱，溫柔多情，《加油好男兒》裏不少選手，都擅長“哭”術——“男兒有淚就輕彈，哪管未到傷心處”。那些“快男”的參賽選手，幾個沒穿過裙裝？幾個不嗲聲嗲氣臺灣腔？又有幾個沒化過彩妝？

我們感覺到：女人越來越剛，男人越來越柔；女的超級無敵，男的快樂就好！難道這是個超女軟男氾濫的時代？

選秀的背後，其實是一股中性化風潮。這種男孩不像男孩，女孩不像女孩的現象，現在美其名曰“中性化”，並已演變為一種文化思潮，有愈演愈烈之勢。選秀文化的流行，陰盛陽衰的出現，正是這種文化思潮的體現。

在臺灣，有著名的 Flower 4，《流星花園》中四個花一樣的男子。我們一定還記得 F4 的服裝與打扮：長髮披肩，帶花的女式襯衣是他們的招牌裝束。在《流星花園》中，這四個坐吃山空的年輕人整天哼哼唧唧地享受所謂的愛情與理想……

在韓國，《我的野蠻女友》讓人們認識到女性野蠻的一面，而《王的男人》的男主角李俊基則是徹底顛覆了傳統高麗男人陽剛威猛的固有模式，代之以長髮、丹鳳眼、櫻桃小口、彎挑眉，他的出現使“比女人更女人的美貌”成了韓國電影電視製作人選拔男主角的評判標準。

在大男子主義盛行的日本，“中性美”也大行其道。據說在日本女性眼中最流行的男人是"傑尼斯型男",即日本傑尼斯事務所旗下的木村拓哉、瀧澤秀明、山下智久等"像處女一樣清純,像維納斯一樣溫柔"的細嫩單薄的型男。高倉健型的硬漢男人在日本早就不吃香了,過去的"錚錚鐵骨"顯然已經讓位於如今的"錚錚排骨"了!日本的《婦女週刊》稱:"年輕漂亮的小男生比強健的大男人更吸引女人。

↳ 二、選秀中的性別混亂

選秀文化盛行,陰盛陽衰,讓許多人對有可能引發的性別混亂感到焦慮:

童話大王鄭淵潔:"'超女'男性化,'超男'女性化,我們距離無性繁殖不遠了。愚預言,由清一色女性組成的評審團評選出的'好男兒',無需做變性手術,即可直接跨界。"

一位重點學校中學的校長發出這樣無奈的感歎:"男生說話細生細氣,動作扭扭捏捏;女生裝扮中性,言行粗獷潑辣……真不知道現在的孩子都怎麼了,男生不像男生,女生不像女生的。這樣的情況在中學校園裏已經不是少數現象。"

網絡上有人這樣調侃:"我們發現街上分不清楚性別的年輕人越來越多,長頭髮的男孩子若不是有喉結真以為他是女的;平頭的姑娘若不是胸前駝峰還不知道她是女的。"

心理諮詢人員觀察到走進諮詢室裏諮詢性困惑的男孩多了，對自己性取向感到混亂的人多了。

越來越多的父母對自己男孩的性取向感到擔心。

選秀文化，有些可謂是商業社會和媒體製造出來的怪胎，此風長行，後果將很嚴重。

在希臘神話中，有這樣一個故事，美少年那喀索斯，已經美到"雌雄莫辨"的境界，因為自戀到極點，連仙女的求愛都被他一口回絕，最後乾脆愛上了自己在水中的倒影而投河自盡。我們的男孩，會不會這樣？我們的男孩，會不會喪失對男性氣質的認同，而日趨柔弱，不管是從生理上，還是心理上。

選秀文化的一個直接後果就是某種形式的性別混亂：男孩越來越"娘娘腔"，男孩越來越缺乏陽剛，排骨男越來越多，肌肉男越來越少。在性別形成過程中，模仿是一個重要途徑，在缺乏正確榜樣的情況下，許多男孩直接把這些所謂"好男兒"作為模仿的榜樣，直接複製他們的外部特徵，陽剛不再，陰柔有餘。

有網友如此評論：

公眾媒體對男性美的審視已經脫離了性別概念，一種扭曲的性別意識和性別商品化思潮主導着大眾文化和影視傳媒人，"夢想"、"超級"、"好男兒"等陰陽挪移的電視選秀如同大街上性病小廣告一樣氾濫。在名與利的操縱下，東方民族的陽剛之氣，已經發生了質的衰敗。閃爍的舞臺燈，你看到的盡是一些剃鬚、敷粉、薰香、步態輕盈的花瓶式男人扭動着陰柔的屁股而成為粉絲們崇拜的偶像。

我們一定要警醒：對男孩來講，所謂的中性化，更多的是男孩女性化，其危害甚深甚廣。

⤷ 三、對雙性化理論的誤讀

為什麼選秀文化會盛行？為什麼中性潮會流行？在某種程度上，這跟人們對一個當前影響甚廣的理論 —— 雙性化理論的誤讀有關。

在性別教育領域，雙性化理論可謂炙手可熱，許多人紛紛撰文，不分青紅皂白，認為這個來自異域美國的舶來品可以幫助我們的性別教育。下面讓我們就源頭上一窺這個理論的究竟。[1]

20 世紀後半葉，隨着社會進步和婦女運動的發展，人們力求縮小男女性別的差異。由於生理差異是先天的，所以人們試圖通過改變社會性別來提高婦女的地位。為此，一些專業心理學家"一方面十分注重女權運動者的熱情，但又擔心單純的政治熱情沒有多大的說服力，總想用心理實驗的材料科學來說明兩性心理差異的意義。"

1964 年，羅西第一次正式提出"雙性化"這個新概念，針對傳統的"單性化"，認為"個體可以同時擁有傳統男性和傳統女性應該具有

---

① 李立娥，國內外"雙性化"教育研究述評，江西社會科學，2007 年第 6 期。

的人格特質"。"雙性化"研究最具代表性的人物 —— 美國心理學家桑德拉．本姆，在 1978 年宣稱其研究目的是 "使人類個性從個體的性別角色刻板形象的束縛中解脫出來，形成健康的心理概念，從文化強加給男性化、女性化的限制中解脫出來"，並開始進行一系列實證研究。

因此，從雙性化理論的起源來看，它本來是一個與性別刻板印象（性別歧視）作鬥爭的理論。根據本姆的雙性化理論，一個人的性別傾向可以分為四種：男性化、女性化、雙性化和中性化。雙性化理論認為雙性化是一種最為理想的性別模式，它集合了男性和女性的性別優點，雙性化個體在各種條件下比性別典型者（男性化、女性化）做得更好，在心理健康、自尊、自我評價、受同伴歡迎、適應能力等方面都優於單性化者。本姆認為："中性化"可以說是 "無性化"，是社會性別最不突出的一類群體，它沒有顯著的男性氣質和女性氣質。

因此，本來是個很好的理念 —— 男女相互學習，有助於男女兩性擺脫傳統文化對性別的束縛，但到了中國，"雙性化"卻被許多人誤讀為 "中性化"，被扭曲了，被學過頭了，走火入魔，結出男孩女性化、女孩男性化的惡果。在此誤導之下，男孩變得越來越陰柔、越來越 "娘娘腔"，而陽剛則日漸遠離。女孩變得越來越剛強，越來越 "假小子" 了，女性特有的溫柔也越來越稀少了。

這使我們不由自主地想起邯鄲學步的故事：許多女性化的男孩就像那個學步的邯鄲人，女性的陰柔之風學到了，而自己看家的本錢 —— 男孩的陽剛之氣卻丟失了。

捨本逐末，顧此失彼，得不償失啊！

↳ 四、"性別哲學"有問題

我們為什麼會誤讀雙性化理論？為什麼有些性別理論能如此輕易就深入人心。如果我們深挖一下，就會發現，是"性別哲學"出了問題。

如果把"哲學"看成為一種觀察問題、分析問題的方法，那麼，我們的性別哲學出了問題。正是性別哲學出了問題，一些所謂性別理論才大行其道，才開始不斷氾濫，才使得選秀文化肆無忌憚，有機可乘。

現代我們奉行的性別哲學是："男女都一樣"，我們在某種程度上忽視了性別差異的存在。關於這一點，可以從口號看出來——"婦女能頂半邊天"和"時代不同了，男女都一樣"看出來。

"婦女能頂半邊天"和"時代不同了，男女都一樣"的口號不但是當時的性別認識，而且它已深入人心、影響深遠。直到今天，當我們談起性別時，我們仍然可以不假思考地脫口而出這樣的說法。

在許多國家和地區，有男童子軍、女童子軍；在日本有男孩節、女孩節，但在中國，我們幾乎沒有考慮到性別差異的影響，即使是體育課，許多學校也沒有考慮到男女不同的體質特點，男生女生一起上體育課（現在，有一些地區開始意識到這個問題，如北京市從 2008 年起在初中實行體育分性別上課）。在"男女平等"的大旗下，我們的學校以統一的內容、方式和標準來要求所有男孩和女孩。其實這種"男女平等"並不一定是真正意義上的平等。真正意義上的"平等"是給男孩和女孩選擇的自由，並在法律上保障這種自由。

華東師範大學教授丁鋼等人認為，以政治學意義的平等觀念取代了教育學意義上的平等觀念，從而導致在教育教學過程中使男女生之間的界限變得比較模糊，加之其他因素，最終造成了對男生發展權利的部分剝奪和發展機會方面的不平等。

正是由於人為忽視了自然的性別差異，所以，我們往往關注女孩的平等受教育權，而無意之中忽視了男孩，男孩成為一個被人遺忘的群體，其危機不斷惡化而不為人所關注。

我們現行的性別哲學背後可能隱藏着這樣一種認識，即性別是可以人為塑造的。實踐表明，這種認識是有問題的，這違背了性別形成的規律。性別形成是遺傳與環境交互作用的結果，環境對性別的形成具有重要的影響，但是這種影響要以尊重遺傳為前提。實際上，性別是人類的第一類別。性別作為一種客觀存在，我們無法消滅它，我們只能接受它，正視它的影響。

結語：拯救男孩要對症下藥

治病尋根，在了解導致男孩危機的主因及諸多原因以後，我們才能對症下藥，逐步改變並消除導致男孩危機的原因。

拯救男孩，首先要改變我們現行的教育。

拯救男孩，父母要先行改變。

拯救男孩，我們的政府和社會也要學會在反思中前行。

3

拯救男孩，
從發現男孩做起

男孩和女孩的差別不僅僅是男孩站着小便，女孩蹲着小便。這只是最淺表的差別，最重要的差別是看不見、摸不着的。

如果，我們了解到以下一些事實：

• 男孩是脆弱的。
• 男孩是落後的，在兒童時期，男孩身心發展均暫時落後於女孩。
• 男孩跟女孩不一樣的，他既有優勢，又有不足。

那麼，在拯救男孩的正確軌道上，我們已經成功邁出了第一步！

拯救男孩的第一步，就是發現男孩、了解男孩。

尊重男孩的性別差異，是送給男孩的最好禮物！

第一章

接受現實：
更脆弱的男孩

從我（孫雲曉）長大的過程體驗來說，男孩的一生大都是九死一生的。

我至今難忘的危險經歷之一，是小時候經常與夥伴在井裏游泳。當然，那不是一般的飲水井，而是灌溉農田用的大機井。可是，男孩子在一起玩兒，好勝心就像燃燒的火焰越燒越旺。於是，就有人提出比賽：誰能從井底抓一把泥上來，誰的游泳本領就最棒。

我一個猛子就扎了下去，因為平時經常被人瞧不起，我總想證明自己並不差。為了扎得深一些，我扎下去一段後，就順着抽水管繼續下潛，終於潛到了井底。我摸到了沙子和石塊，然後就想游上來。可是，我潛得太深了，我游啊游啊，憋得我兩個腦門似乎像金魚一樣鼓起來了，仍然出不了水面。那時，我真的感到了恐懼，拚命往上掙扎，但上來後卻馬上忘了害怕，驕傲地舉着手中的沙子和石塊。

在我家附近有一座高山，名叫浮山，是著名仙境嶗山的餘脈。我常常與男孩夥伴們上山玩耍。我們像壁虎那樣，貼着一塊塊陡峭的岩石，向浮山頂爬去。在爬一塊巨石的時候，危險又一次降臨在我們面前。我們想爬上去，全靠手抓住一團草才能用上力。可是，前面兩個夥伴輪番抓那團草，等到我去抓時，發現那團草的根部已經活動了。我頓時驚出一身冷汗，因為如果我拔出了那團草，勢必身子後仰，那就會摔下山去……危難之際，我只能緊緊伏在石頭上。夥伴們發現我的艱險處境後，迅速將一根樹枝伸給我。我知道，這是唯一的希望，可我也知道，如果我抓不住樹枝，身子一動可能墜落下去。樹枝在我面前晃來晃去，夥伴們焦急地喊着，我鼓足了勇氣，猛地抓住了救命的樹枝。

我們歷經生死之險，征服了浮山頂峰，豪氣頓生，美美地野餐起來。當我站在高聳入雲的山巔之上，竟萌發了生出雙翅飛向遠方的夢想。那種強烈的慾望，決定了我後來浪跡天涯的選擇。

分享成長的經歷讓我們認識到男孩的生存其實面臨着更大風險。我們覺得：男孩就像玻璃或瓷器，看起來很堅硬，實際上卻是易碎品。對整個生命過程進行研究的神經生物學家傑伊‧貝爾斯基認為："從生物學角度來說，男性比女性更脆弱"。

↳ 一、更脆弱的生命

　　男孩的生命並不像我們想像的那麼堅強，反而更脆弱。男孩的生命脆弱性貫穿於男孩的整個生命歷程，甚至在出生之前，男孩就顯示出生理上的脆弱性。

（一）胎兒期

　　在母親懷孕期間，男性胎兒夭折的可能性更大。懷孕之初，男女性別之比為 120：100，到分娩時，男女比例已下降為 110：100，因為有更多的男孩胎兒在懷孕期間夭折。

　　醫學研究也表明，流產和胎死腹中的男嬰大約是女嬰的四倍。在母親懷孕期間，男性胎兒還更容易受到病毒的侵襲，從而引發各種出生缺陷，如大腦癱瘓、腦發育不全、肢體發育不全等。

（二）分娩時

　　母親分娩時，男孩所面臨的風險比女孩大得多，男嬰早產和死亡的概率要比女孩高得多，出生之後夭折的男嬰比女嬰多。愛爾蘭的調查發現，76.5% 生男孩的產婦會遭遇生產困難，而生女孩的產婦這一比例為 71.2%。男嬰在生產過程中，需要使用藥物的可能性更高，男嬰剖腹產的比例比女嬰高兩個百分點。

　　生男孩比生女孩更加痛苦，第一次生產的母親生兒子比生女兒要多花約一個半小時。由於男嬰比女嬰平均重約 5%，而且男性胎兒的頭部更大，導致男嬰出生過程更長，更有可能使用藥物和機械助產，從而增加男嬰患上出生併發症或遭受外傷的可能性，而這又可能使嬰兒在剛出生的幾天內更加容易煩躁，不易入睡。

（三）出生以後，脆弱依舊

出生以後，男孩依舊面臨更大的健康風險。芬蘭政府花費九年時間對 1987 年出生的兒童的追蹤研究發現：有 20% 以上的男孩在阿普加新生兒測評（指在出生後五分鐘所作的對新生兒的心率、呼吸、肌肉彈性、刺激反應及皮膚彈性的一種健康標準評估）中的得分較低。在出生七年後，男孩的死亡率比女孩高 22%，哮喘病發生率高 64%，智力缺陷發生率高 43%，患有發育遲緩的可能性是女孩的 2-3 倍。

男嬰出生後的發育速度也比女嬰要慢得多。一般來說，一名剛出生女嬰的身體機能和一名出生六個星期的男嬰不相上下[1]。

兒童和青少年精神病專家塞巴斯蒂安・克雷默的研究報告指出，在發育過程中，男孩出現發育失調症狀的幾率要比女孩高 3-4 倍，發育中的男孩或者顯得過度活躍，或者受到自閉症的困擾。許多男孩在發育過程中還會出現協調能力差的現象，從而導致意外事故更多地發生在男孩身上。

男孩的非正常死亡率也高於女孩。對北京市中小學非正常死亡事故的分析表明[2]：不管是在小學、初中還是高中，男孩意外事故死亡的比例都高

[1] Kraemer S, The Fragile Male, British Medical Journal, 2000 年第 12 期。
[2] 許民美，90 年代北京海淀區中小學生非正常死亡事故分析，安全，2000 年第 3 期。

於女孩。1990-1999 年間，男孩因意外事故死亡的人數為 102，女孩為 45，男孩所佔比例高達 69%。

（四）即使成年，依然脆弱

成年以後，看起來男性比女性要強壯許多，但在生理上仍比女性更脆弱。男性在大多數疾病上的患病率高於女性[1]，如男性胃病的發病率比女性平均高出 6.2 倍，男性死於黑色素瘤的可能性是女性的兩倍，男性患心肌梗塞入院治療的比例是女性的七至十倍。在慢性肝病患者中，男人是女人的四倍。男性的壽命更是遠遠落後於女性，相差三四歲，全世界都如此。

教養男孩，我們首先必須接受這樣的事實：從生命之初到生命的終結，男性都比女性更加脆弱。在成長過程中，男孩比女孩面臨着更高的風險，也可能比女孩更難撫養和教育，各方面更容易出現偏差。正因為如此，男孩像女孩一樣，需要父母的關心愛護。

（五）生理脆弱，原因何在？

對於男孩生理脆弱的原因，一種理論認為男孩的大腦在出生前、分娩時和出生後更容易受到傷害，因為在出生時男孩的神經系統比女孩成熟得更慢，而神經系統越不成熟就越脆弱。

另一個可能的解釋是男孩更容易緊張。在一個相關實驗中，當研究人員把嬰兒放到一個有輕微、但持續時間較長的壓力環境中時，他們發現男

---

① 生命 "陰盛陽衰" 有原因，大眾衛生報，2005 年 3 月 4 日。

孩的皮質醇水平迅速上升，而女孩的皮質醇水平仍然不變。升高的皮質醇水平可以抑制免疫功能和生長激素的分泌。

還有研究者認為，睪丸激素會降低免疫功能，使男性更加脆弱。

男性的自動免疫系統功能要比女性差得多。女性身體生來就自然具有與外來生理組織交換的能力，比如懷孕時接受男性精子的能力。因此，與男性相比，女性的身體更有能力應付細菌和病毒。

除了上述幾種解釋之外，男孩更脆弱的最根本原因可能在於男孩的性染色體與女孩的性染色體不一樣。我們知道，男孩的性染色體是 XY，女孩的性染色體為 XX。一些遺傳學家認為，正是這條形單影隻的 Y 染色體使男孩處於脆弱的境地，因為它不能像女性 XX 染色體那樣通過與"同伴"染色體相互交換基因而維持自身的穩定存在。

現代遺傳學表明：男孩的 Y 染色體本身比女性的 X 染色體更不穩定，更容易發生基因變異。英國牛津大學人類遺傳學教授布賴恩·塞克斯認為，男性染色體發生病變的可能性是女性染色體細胞的 10-15 倍。

⌐ 二、更脆弱的情感

男兒有淚不輕彈，但有多少父母知道男孩其實有着更脆弱的情感？在前面的章節中，很多研究告訴我們：

男孩的情感更加脆弱；

壓力讓男嬰感到更不安；

父母離婚對男孩的情感傷害更大。

為什麼男孩比女孩感情更脆弱？

一個可能的原因是：男孩負責自我控制的大腦區域（尤其是大腦額葉）發育較女孩更為緩慢。男孩的自制力較差，因此，他們對正面或負面的事件反應更為強烈。

缺乏情感表達的技巧也是男孩情感脆弱的重要原因。男孩不擅長用語言來表達情緒，男孩更不願意，也不知道該如何向他人袒露自己的情感，尤其是消極情感，即使男孩長大成男人以後依然如此。美國波士頓大學的一項研究顯示，當配偶死後，女人比男人恢復得快，這是因為女人比較善於處理自己的感情和情緒。一旦遭到喪偶這類打擊時，往往用眼淚洗刷自己的痛苦和委屈，讓心態漸趨平靜和放鬆。而男人卻把痛苦和委屈埋在心底，靠時光沖淡，對身心的磨礪時間較長，這種做法有損健康。

長期以來，無論家庭還是社會，總是告訴男孩“不要依偎在母親身邊”、“男兒有淚不輕彈”、“要堅強”，要求男孩深藏並壓抑自己的真實情感，特別是那些脆弱、敏感的情感。如果看到一個男孩哭泣，人們會責怪這個男孩軟弱、不夠堅強，而如果是一個女孩，人們則會心生愛憐。英國學者克萊默指出：“社會對於男人有着更大的壓力，人們看不慣男子漢的軟弱，在任何時候都不能表現出脆弱的一面，所以還是小孩子時，男人就有着很大的壓力，他們更加敏感，並在兩歲以前就學會了如何壓制一些天性和本能。”我們知道，這些天性和本能當中，很重要的一部分就是男孩的情緒和情感。

第二章

耐心等待：
暫時落後的男孩

我（李文道）的落後經歷

大概在小學一二年級時，我很是為寫字而煩惱，我認認真真、費九牛二虎之力寫的作業往往被老師批評為不認真，被稱作為"狗刨"、"雞腳"，很丟人，班裏的其他男孩也跟我差不多，經常因此受批評。班上女生寫的作業總是比我寫的整潔得多，橫平豎直，規規矩矩，往往被老師貼在牆上，作為我們這些男生的榜樣。我媽媽不識字，都能看出其他女孩寫得比我好，也認為我不認真。我當時覺得比竇娥還冤，但不服氣不行，我自己也覺得寫字不如人家小女孩寫得好。

上語文課朗讀課文時，我們這幫男孩總是結結巴巴，而女孩們則經常領讀，校園廣播裏主持廣播的總是伶牙俐齒的小女孩⋯⋯我們小男孩只能甘拜下風。在跟其他女孩罵架時，我一個髒字還沒來得及出口，對方已經把我祖宗十八代都罵遍了。

隨着對男孩的了解越來越多，我才知道，我小時候寫字之所以比不上女孩，主要是因為男孩的精細肌肉動作以及控制它們的神經的發育都要比同齡女孩晚一些，讀課文比女孩差，也主要是因為男孩的言語發展落後於女孩。

三種年齡，兩種落後

科學地講，每個人都至少有三種年齡：曆法年齡、生理年齡和心理年齡。曆法年齡是指一個人從母體降生開始，按年月累計的年齡，它反映了一個人出生後的時間長度。生理年齡是指人的生理實際成熟或衰老的程度。心理年齡是指人的心理實際成熟或衰老的程度。

在這三種年齡中，我們最常使用的是曆法年齡，它由出生日期決定，對男孩和女孩都是一樣的，沒有什麼性別差異。在其他兩種年齡 ── 生理年齡和心理年齡上，在兒童青少年時期，男孩都落後於女孩。直到青少年晚期，男孩的生理年齡和心理年齡才能趕上女孩，與女孩並駕齊驅。

曆法年齡表面上最客觀，又因為最容易使用，所以我們一般習慣使用它作為入學和接受各種水平教育的依據，但這樣做並不科學，只是方便而已。從科學的角度，我們應該按照　個孩子的生理年齡和心理年齡來進行教育。當然，這樣做更費事、更困難、更難以把握。

了解這一點，對男孩的養育非常重要。因為雖然男孩在生理和心理上落後於女孩，但在絕大多數時候，父母、學校和社會用同樣的標準評價所有男孩和女孩，這其實對男孩是不利的，也是不公平的。我們發現，許多男孩，只是由於暫時發育落後而影響學業成績，就被打入差生的行列，被強行扣上學業失敗的帽子。這樣做，對晚熟的男孩極為不公平！這樣做的惡果，就是許多男孩在小小的年紀，就對學業失去了信心，對自己喪失了信心。這種打擊可能會影響男孩的一生。

如果父母和教育者能把男孩的暫時落後看作是正常現象，寬容男孩，耐心地等待男孩，那麼男孩將來一定能趕得上女孩。

大器晚成者多為男孩

正是因為男孩生理和心理發育成熟落後，所以"大器晚成"故事的主人公大多是男性。這樣的例子很多：

科學大師愛因斯坦三歲多還不會講話，父母曾經很擔心他是啞巴，直到九歲時講話還不很通暢，每講一句話都顯得很吃力。他舉止遲鈍，性情孤僻，老師和同學都不喜歡他。教拉丁文的老師甚至公開罵他："愛因斯坦，你長大後肯定不會成器。"因為與學校格格不入，怕他在課堂上影響其他同學，學校竟然想把他趕出校門。

曾兩次擔任英國首相的丘吉爾上小學時的評語是"淘氣"和"貪吃"。13歲中學入學考試時全校倒數第三，中學成績一直倒數前幾名，給人留下的印象是遲鈍、低能、缺乏教養、性格乖僻、無法無天、屢教不改。

牛頓、愛迪生、沈從文、蘇步青……這個名單可以列出很長很長。這反映了男孩發展中的一個重要現象，即男孩晚熟一些，發展滯後一些。

如果您是父母或老師，當男孩學習或發展有些落後時，您一定要耐心等待，不要因暫時的落後而放棄對他的期望。

一、生理落後的男孩

有一次，跟一個幼兒園老師聊天，當我（李文道）談到男孩的精細動作和神經系統發育落後於女孩，因此幼兒園男孩寫字要差一些時，她有點將信將疑。第二天晚上，我接到她的電話，她在電話裏很興奮地告訴我：

"李博士，你說得沒錯，男孩寫的字就是比女孩差一些。"

她接着說：

"為了防止先入為主，我先不看姓名，把寫字好的和寫字差的分成兩份，最後一看姓名，跟你說得差不多，寫字差的，男生佔十之八九。"

幼兒園的男孩為什麼寫字差，原因很簡單：男孩的生理發育總體落後於女孩，男孩的運動平衡性與準確性要落後於女孩，但許多教師和父母並不了解這一點。

（一）身體與動作落後

兒童文學作家秦文君寫過這樣一段話："這一階段（8 至 13 歲）女孩比男孩早熟，如今在學校裏，女孩是強勢，無論體力、學習能力還是社交能力，女孩都比男孩強，打起架來男孩也佔不到上風。"

　　兒童和青少年精神病專家塞巴斯蒂安・克雷默在《英國醫學週刊》上撰文指出[1]：男嬰出生後的發育速度比女嬰要慢得多。一般來說，一名剛出生的女嬰的身體機能和一名出生六個星期的男嬰不相上下。

　　在動作發展上，男孩落後於女孩。在七個月大的時候，女孩在使用勺子、用筆畫線條等精細運動技能上走在男孩前面，這種差異要持續許多年。在小學階段，通常女孩寫的字更漂亮，女孩動作的靈巧性比男孩強得多。在動作發展上，呈現年齡越小，差距越大的特點。

　　在身體發育上，男孩也落後於女孩。女孩達到成年身高的一半、進入青春期及停止發育的時間都比男孩早。以進入青春期的時間為例，女孩進入青春期的時間普遍比男孩早兩年。了解這一點以後，我們就不難理解，為什麼在小學五六年級，人高馬大的往往都是女孩。有數據顯示，美國女孩一般到 16 歲時身高的增長已經完成，但男孩一直要到 17.5 歲身高增長才基本結束。

（二）大腦和神經系統落後

　　男孩動作發展落後，還有一個更深層次的原因，那就是控制動作發展的大腦和神經系統發育落後於女孩。

　　在兒童青少年時期，男孩的大腦發育總體上落後於女孩。美國心理衞生研究所的 15 名神經系統科學專家發表了一篇研究報告。該報告詳細記錄

---

① Kraemer S，The Fragile Male，British Medical Journal， 2000 年第 12 期。

了大約 2,000 個 4-22 歲孩子的大腦發育狀況 [1]：

　　研究人員發現，男孩和女孩的大腦中，很多區域的發育順序和速度都不相同。大腦的不同區域，例如大腦頂灰質 —— 控制從各種感官處得來的集成信息，男孩和女孩的發育軌跡是相似的，但女孩的發育速度大約要比男孩快兩年；另一些區域，例如大腦顳灰質 —— 控制人類的空間知覺和目標識別能力，男孩、女孩的發育軌跡類似，但男孩的發育速度卻要比女孩稍微快一些；還有一些區域，例如控制視覺皮質的大腦枕灰質，男孩、女孩的發育軌跡明顯不同，沒有任何重疊，女孩在 6-10 歲時，這個區域迅速發育，而男孩卻不是。14 歲之後，女孩大腦的這個區域逐漸變小，腦組織數量逐漸減少，而這時候男孩子大腦的這部分區域卻快速發育。

　　要知道，大腦的成熟通常結合着大腦區域的減小，記住這一點很重要。可能女孩在十幾歲時某個區域已經開始縮小（腦區縮小意味着發育成熟），男孩大腦的這個區域卻正在發育。

　　科學研究告訴我們，在出生時，男孩的大腦不如女孩成熟，所以早產的男孩存活率遠遠低於女孩。

　　女孩的神經系統整體比男孩成熟得早一些，所以受神經系統支配的手眼協調動作更靈活，更準確，平衡性也更好，在男孩寫字歪歪扭扭的時候，女孩早就可以寫一手漂亮的字。所以，在幼兒園和小學低年級，只根據書寫的工整情況，我們基本就可以判斷哪份作業是男孩的，哪份是女孩的。

---

[1] 里奧納多‧薩克斯，家有男孩怎麼辦，中國青年出版社，2009 年。

⤷ 二、心理落後的男孩

性別教育專家邁克爾‧古里安還列舉了這樣一些男孩心理落後的表現[1]：

在出生四天後，女孩的眼睛與成年人交流的時間是男孩的兩倍。男孩和女孩的連接化學反應和視覺皮層在出生四天後便已經不同。

在出生四個月後，與女孩相比，男孩較少能夠區分出熟人和陌生人。通常男嬰更喜歡在白天花時間注視空間移動物體，如吊在天花板上的風鈴。與此相反，女嬰更可能將目光立即轉向看護人。

與男嬰相比，女嬰更為關注看護人的話語。女性大腦中的語言中心發育速度快於男嬰。

在心理上男孩落後於女孩有多方面的表現，其中自制力和言語兩個方面的表現最為突出。

（一）自制力落後

為什麼男孩上課容易違反紀律？為什麼老師說了好多遍男孩都好像充耳不聞？大多時候，男孩並非有意跟老師做對，只不過他更難管住自己，因為他缺乏足夠的自制力。

男孩大腦中控制衝動的區域 —— 大腦額葉發育得更緩慢，所以，我們

---

① 邁克爾‧古里安，男孩的腦子想什麼，世界圖書出版公司，2006 年。

經常會看到小男孩比小女孩更淘氣。到了幼兒園或小學，男孩難以像女孩那樣安靜地坐着聽老師講話，他們上課時小動作更多，更容易違反紀律。

性別差異領域的著名專家埃莉諾·麥科比曾作過統計[1]，在醫生候診室裏，有遠遠多於女孩的男孩伸手觸摸父母告誡不要動的東西，父親對男孩說"不"和"住手"的比率是女孩的兩倍。由於自制力差，男孩在生活中表現得也比女孩更衝動，對危險因素注意不夠，意外傷害發生的比率也遠遠高於女孩。由於自制力差，男孩在課堂上往往難以長時間坐着聽老師講枯燥的內容，他們更容易分心，更容易做小動作，因而更容易違反紀律而遭到批評或懲罰。

（二）語言落後

在我們印象中，伶牙俐齒的女孩多，笨嘴拙舌的男孩多，其中一個重要原因就是大腦中主要的語言中樞 —— 大腦額葉的布洛卡區與顳葉的和韋爾尼克區，女孩比男孩發育得更早。因此，女孩獲得語言、發展言語技能的年齡較男孩更早，女孩通常比男孩更早開始說話。

當然，大腦發育更早並不是女孩善於運用語言的唯一原因，父母和其他照看者也扮演着重要角色。心理學研究發現，在照料嬰兒的過程中，父母通常更多地與女兒說話，也更可能以自己沒有察覺的微妙方式鼓勵女孩更多地說話。

1997 年美國白宮會議上有關兒童發展的研究成果表明[2]，每天對幼兒所

---

① 蘇珊·吉爾伯特，男孩隨爸，女孩隨媽，中信出版社、遼寧教育出版社，2003 年。
② 同上。

說的話的數量是兒童智力、學業成就以及未來社交能力唯一最重要的預測源。談話刺激了兒童大腦神經細胞之間建立聯繫，為智力、創造力和社會適應奠定了基礎。我們希望，當父母認識到這一點之後，他們願意在對待男孩的方式上做一些調整，多跟男孩進行一些愉快的交談或閒聊，而不是只在他們發脾氣時衝着他們喊"不"。

第三章

學會欣賞：
不一樣的男孩

我們特別喜歡阿蘭・貝克在《男孩本色》中所寫的一段文字：

> 在天真無邪的嬰兒和自信自尊的男子漢之間，有一種惹人開心的小
> 生靈，叫做男孩。男孩的個頭、體重、膚色各不相同，但所有的男孩都
> 有着相同的信念：盡情享受每天每時每分每秒。夜晚，當大人抱他們去
> 睡覺，他們就會扯着嗓子大喊大叫以示抗議，直到最後一刻（這是他們
> 唯一的武器）。

　　男孩無處不在 —— 高處低處、屋裏屋外，或攀爬、或懸盪，東奔西跑、上躥下跳。媽媽愛他們，小女孩們討厭他們，哥哥姐姐包容他們，大人們忽視他們，上帝保護他們。男孩個性純真，臉上卻沾着泥污；外表漂亮，指頭上卻帶着傷口；頭腦聰慧，髮間卻黏着泡泡糖；男孩是未來的希望，口袋裏卻揣着青蛙。

　　當你忙碌時，男孩從不體諒你，總是製造刺耳的噪音，惹你厭煩。當你希望他在人前好好表現一番時，他的腦子卻好像成了糨糊，要麼就變得像個野人，頑劣粗暴，專嗜破壞，鬧得天翻地覆。

　　男孩是個混合體 —— 他有馬一般的胃口、吞劍者般的消化力、小型原子彈般的能力、小貓的好奇心、獨裁者的大嗓門、保羅·班揚（美國民間故事中最受歡迎的伐木巨人）的想像力、紫羅蘭般的羞怯、爆竹般的熱情，做起手工來總是笨手笨腳的。

　　他喜歡冰淇淋、小刀、鋸子、聖誕節、連環漫畫、樹林、大塊頭的動物、火車、週六的早晨和消防車；他對學校、沒有圖畫的書、音樂課、領帶、理髮師、女孩提不起興趣，也不喜歡到點就上床睡覺。

　　沒有誰能比他們起床早，吃飯晚；沒有誰能從樹木、小狗和煤渣中找到這麼多樂趣；沒有誰能在一隻口袋裏塞進這麼多東西：一把生鏽的小刀、一隻啃了一半的蘋果、一根一米長的繩子、兩顆橡皮糖、六枚分幣、一把彈弓，還有一團不知何物的東西。

　　男孩是種不可思議的生靈 —— 你可以把他關在工作間外，卻不能把他關在心門之外；你可以把他趕出書房，卻不能把他趕出腦海。最好還是放棄吧 —— 你成了他的俘虜和階下囚，他成了你的上司和僱主。瞧，這個滿臉雀斑的小不點又在追趕小貓了，他總是一刻不停地製造着噪音。

晚上，當你帶着支離破碎的希望和夢想回到家時，他卻能幫你把它們修復一新，只消兩個神奇的詞：嗨！爸爸！"

讀讀它，對幫助我們了解什麼是真正的男孩很有好處。

在下面的內容，我們將引導您全面地了解男孩和女孩到底有什麼不同。您會注意到，男孩與女孩在許多方面存在差異，大多數時候，他們之間的差異僅僅是"不同"，沒有孰優孰劣、孰強孰弱之分。

我們衷心希望，在教育男孩的過程中，能夠利用科學研究對性別差異的認識，尊重男孩的不同，不要把男孩的特點看作缺點，不要把資產當成債務。

同時，我們希望能找到應對性別差異的方法，幫助男孩和女孩發展得更好。

一、不一樣的生理

在生理方面，男孩的不同首先表現在性激素方面，男孩體內含有比女孩高十多倍的雄性激素；另外一個方面就是大腦差異。在某種程度上，是雄性激素和大腦造就了男孩，使得男孩不同於女孩。

雄性激素就像男孩的動力推進劑，它使男孩表現出更高的活力，更願意尋求刺激，更愛冒險。

（一）不一樣的激素水平

性激素是人體內的一種重要化學物質，主要有雄性激素和雌性激素兩大類。性激素在人體內的含量很少，但作用卻極其巨大。當然，我們要明白一點：在男孩和女孩體內，雄性激素和雌性激素其實都存在，只不過因性別不同而含量不同，在青春期以後，男孩體內的雄性激素是女孩的 15 倍，而女孩體內的雌性激素是男孩的 8-10 倍。

從受精卵開始，一直到男孩的成熟，雄性激素在男孩的發育中都發揮着至關重要的作用。其中有兩個階段，雄性激素的作用最為明顯：一是孕期第 6、7 週，二是青春期前後。

胎兒期：雄性激素第一高峰期

科學家們發現，從第六週到第十六週，胎兒經歷了一次生命巨變，從無性別的胎兒變成了有性別的胎兒。

在懷孕的最初幾週，男性和女性胚胎在外形上看起來幾乎是完全相同的，胚胎的性生殖腺是中性的，唯一不同的是男孩有一對 XY 染色體，女孩有一對 XX 染色體。在懷孕第六週時，男性染色體發出信號，男性胚胎開始生成大量的雄性激素，使男性胎兒浸泡在大量雄性激素之中，從而促使男性生殖腺開始發育，胎兒開始具有越來越多的男性持徵 —— 睾丸和陰莖開始發育，小小的胚胎初次呈現出性別跡象。令人感到奇怪的是，女性胚胎沒有接到類似的指令，直到懷孕第 12 週仍處於中性狀態，等待來自染色體的信號。如果這個信號不來，性生殖腺就自動發育成卵巢，因此，在生理學上，女性又被稱作為 "默認的性別"。

在胚胎時期，高濃度的雄性激素在形成性別的同時，還在許多方面改變了大腦的結構，使男孩大腦向男性化方向發展，走上與女孩不同的發展道路：

降低了連接大腦兩半球的神經纖維 —— 胼胝體的連接效果，限制了大腦左半球和右半球的聯繫，從而使男孩的左半球真正成為優勢半球，而女孩的兩個半球較為均勢。

促使男孩的語言功能主要定位於左半球，而對女孩來說，語言功能較為均衡地分佈在兩個腦半球。

改變了男孩大腦的發展順序，使其與女孩略有差異，加快了與空間和運動有關的腦區，減緩了與語言相關的腦區的發展。

青春期：雄性激素第二高峰期

青春期是男孩雄性激素分泌的第二個高峰期。在經歷了相當長一段時間的低谷以後，在 11-13 歲左右青春期開始之初，男孩的雄性激素又有了迅猛的上升，促使男孩的第一性徵和第二性徵急劇變化，鬍鬚開始出現，體毛變得濃密，嗓音變得沙啞，性器官逐漸成熟，性意識逐漸覺醒，開始遺精，並在生理上最終成長為一個真正的男人。

雄性激素對男孩成長中的身體和心靈都有十分深刻的影響。當男孩步入青春期後，父母會發現兒子突然像變了一個人，原來活潑開朗的少年變得時而鬱鬱寡歡，時而脾氣暴躁，讓人捉摸不定，就像家裏有一顆不定時炸彈。

為什麼會出現這樣的變化？其中一個主要原因即是雄性激素的大量增加。如果我們（特別是父母和教師）能夠理解這種變化的原因，那麼就會知道最明智的做法：耐心等待他們度過這一關頭，慢慢平靜下來，而不是火上澆油，與青春期的孩子對着幹。

雄性激素的作用

雄性激素分泌與男性行為之間有着密切的聯繫。雄性激素使男人精力更為旺盛，也使得他們更富有攻擊性。這方面的證據非常多：人類很早就知道閹割雄性動物可以使牠們更加馴服；在古代宮廷，男僕被去勢閹割成太監，顯著地降低了他們對女性的興趣和慾望，也使他們的暴力行為大大減少。

美國沃爾特里德軍事研究所曾經做了一項非常有趣的實驗來了解雄性激素對攻擊行為的影響[1]：

美國沃爾特里德軍事研究所研究人員對實驗室裏的一群猴子進行了密切的觀察，目的是了解牠們的社會結構。研究人員發現，猴子中的雄性成員之間存在着森嚴的等級制度，雌性之間的等級關係則比較鬆散。牠們之間也就是誰為誰梳理毛髮的關係，僅此而已！但是，雄性猴子知道誰是牠們的老大、老二、老三……牠們之間的決鬥將決定這一切。

研究人員洞悉了猴子稱霸的奧妙之後，就刻意在猴群之間製造混亂。他們為猴群中級別最低的那隻猴子注射睾丸激素（一種主要的雄性激素），然後再把牠放回去。猜猜接下來會發生什麼。這隻猴子居然挑釁自己的"頂頭上司"。或許讓牠自己都感到吃驚的是，牠居然贏了！緊接着，牠與下一個"頭頭"展開了激戰！20分鐘後，牠竟一路過關

---

① 比爾達夫，養育兒子，中信出版社，2008年。

斬將，直奔猴王，一陣廝打之後，猴王落荒而逃。再看這隻有非凡之舉的猴子，牠矮小、瘦弱，但是牠體內含有過高的睪丸激素，使牠成了猴群的"代理大王"。

但可悲的是，這種情形並不能持久，藥物的作用會很快消失。這時，這隻有非凡之舉的猴子就成了眾矢之的，此前被他打敗的頭頭們開始報仇雪恨，層層打擊，直到牠再次被趕回猴群的最底層。

當然，人的行為要比動物的行為更為複雜，人的行為並不單純受激素的支配。但是，毫無疑問，在激素分泌與人的攻擊性之間是有密切聯繫的。研究者在年輕男性身上發現攻擊與敵意和睪丸酮（男性體內主要的雄性激素）的濃度有正相關。同樣，對囚犯所作的研究發現，在最具攻擊性的那一組犯人體內有最高濃度的睪丸酮。

對男孩來說，雄性激素的作用同樣如此。前面已經說過，青春期男孩變得富有攻擊性，這與他們體內高水平的雄性激素有關。在日常生活中，父母也會觀察到，男孩更愛冒險，更喜歡競爭，更愛挑戰、爭吵，更愛跑動，而不願意安安靜靜地坐着，這些行為傾向於雄性激素的大量分泌有直接的關係。這就是男孩子的特點，如果父母能夠試着去理解他、欣賞他，那麼也許就能找到更好的方法來引導他、修正他。

（二）不一樣的大腦 —— 大腦有性別

曾對愛因斯坦的大腦做過深入研究的神經系統專家桑德拉·懷特森認為，人腦是個具有性別特徵的器官。在胚胎發育過程中，男孩和女孩體內的雄性激素和雌性激素的相對水平不同，男孩體內更高含量的雄性激素導致男孩的大腦向男性化發展，最終使得男孩和女孩的大腦在結構、功能以及發展軌跡上都存在着明顯差異。

不一樣的大腦結構

人類大腦由左右兩個半球組成，通常一個主要負責語言和推理，另一個主要負責運動、情感以及空間關係。聯繫兩個半球的是一組神經纖維，被稱作“胼胝體”。胼胝體雖然不是大腦兩半球之間的唯一聯繫，但卻是最重要的聯繫，它起着溝通和協調兩側大腦半球的作用。研究表明，男女兩性的胼胝體在形狀、大小以及大腦偏側化方面存在顯著差別。

研究發現：女性的胼胝體大於男性，女性兩半球之間的聯繫更加緊密。早在 1982 年，美國科學家就在《科學》上撰文指出[1]，大腦胼胝體尾部存在着男女差別，女性胼胝體尾部呈球狀，男性胼胝體尾部大致呈圓柱形。科學家們曾用掃描手段研究過 146 名健康成人的大腦，發現男女兩性在胼胝體形狀方面存在很大的差異，女性胼胝體後 1/5 的部位多呈球形，而男性的多呈管狀[2]。

男性大腦更加單側化，而女性大腦是雙側化，兩半球發展較為均衡[3]。一項使用腦功能核磁共振成像技術的研究表明[4]，男性的左顳葉要比右顳葉大 38%，而女性的顳葉沒有發現這種不對稱。在聽覺聯合皮層特定區域裏，單位體積中的神經細胞的數量存在性別差異，女性單位體積內的神經

---

① 張田勘，解析大腦的性別，中國婦女報，2004 年 7 月 13 日。
② 胡玉華，大腦左右半球的性別差異，北京教育學院學報，2002 年第 9 期。
③ 同上。
④ 同上。

細胞數量要比男性多 11%，因此，在大腦的這一區域中，女性大腦神經細胞的密度要明顯高於男性。

賓夕法尼亞大學醫學院對 949 名年齡 8 歲至 22 歲的志願者接受了腦組織 "擴散磁振造影" 的研究指出[1]：男性大腦前後半球的神經連結較佳，顯示男性腦部有助於連結認知與（肢體）協調行動。而女性大腦則是左右半球連結較佳，顯示女性腦部有助於連通分析與直覺能力。報告還進一步指出："平均而言，男性在學習和執行單一任務，比如導航方面可能更好；女性則具有優良的記憶力和社會認知技巧，使她們在應付多項任務和創造出團隊工作方案時做得更好。" 對於這種差異，參與此項研究的維爾馬教授解釋說："這些圖像顯示人類大腦結構的明顯差異和互補，有助我們在男性女性擅長不同類工作的課題上找出可能的神經運作基礎。

不一樣的大腦內容物

男女在大腦的內容物上也存在一些差異。大腦組織主要由灰質和白質組成，當然還有必不可缺的水分。灰質由神經細胞組成，而白質主要是由神經纖維組成。男女大腦在灰質、白質和水分成分方面都存在差異。

男性大腦的含水量更大，充滿着更多的液體，這些液體對男性至關重要。美國賓夕法尼亞大學大腦行為實驗室的魯本・古爾博士解釋說："可別小瞧這些液體，它可以起到緩衝的作用，因為男性腦袋更經常地受到撞擊。" 如果沒有這些液體的存在，因為男性好動，活動量更大，男性的大腦受到意外傷害的危險就會提高很多。

女性的大腦比男性要多出 15% 的灰色物質，這些物質主管人類的思

---

① 最新研究發現男女大腦結構差異大，http://www.zaobao.com/lifestyle/health/news/story20131204-283985/。

維，這就說明為什麼女性天生就具有強大的語言優勢；而男性的大腦含有更多的白色物質，這些物質主要負責腦細胞之間的聯絡以及神經衝動在大腦和四肢及軀體之間的傳遞，所以男性生來就具有強大的空間感知能力。

不一樣的大腦，對男孩意味着什麼？

在從事某些工作時，女性往往同時使用大腦的兩側，而男性往往一次只使用一側。男孩往往對某些活動產生抵觸情緒，比如拚詞測驗和字謎等。在進行這些活動時，他們只用一側腦半球思考，女孩卻可以用兩側腦半球同時思考。

大腦兩半球之間更緊密的聯繫給女性帶來了一些優勢，同樣經歷中風，與男性相比，女性恢復得更快，恢復得也更徹底。當女性的大腦一個半球受到損傷時，另外一個半球往往能夠發揮替代作用，而男性通常沒有這麼幸運。

男孩和女孩大腦的差異部分解釋了為什麼女孩語言能力更佳，而男孩數學能力更強。這是因為女孩的語言中樞比較均衡地分佈在大腦左右兩個半球，而且女孩更擅長那些需要兩個大腦半球共同參與的活動；而數學能力基本上是大腦右半球的功能，所以男孩通常更擅長數學。此外，發達的大腦右半球，使男孩操作各種機械時更為得心應手，他們的動手能力更強。

↳ 二、不一樣的心理

我（孫雲曉）的灰色經歷

我在小學時代是一個灰色兒童，即默默無聞的被忽視的毫不起眼的學生，如果引起注意則一般不會是什麼好事。我大約在三年級加入了少先隊，可是記憶最深的竟是被老師當眾摘掉紅領巾。

作為好動的男孩，在夏天裏我們最喜歡游泳，而老師擔心發生意外不許學生到水庫游泳，父母也不允許孩子冒險。儘管我生活在美麗的海濱城市青島，可是我連一分錢都沒有，怎麼去正規的收費浴場？便繼續在家附近的水庫裏游泳。為了不讓父母發現內褲是濕的，我們幾個男孩子索性光着屁股游泳，反正這兒離公路有一段路，又有些綠樹遮擋。

對於水邊長大的孩子來說，戲水是最快樂的遊戲。我們一會兒蛙泳，一會兒仰泳，一會兒跳水，一會兒打水仗，開心極了。不料，被兩個偶爾路過的女同學發現了。雖然，我們已經紛紛跳入水中，她們還是哇哇地叫着逃跑了，並向老師告發了。

第二天上學，我們受到老師的嚴厲批評。下課後，我們就朝那兩個女生撒氣，罵她們是"狗特務"，因為男生最恨女生向老師打小報告。放學時，我們依然懷恨在心，就捉來許多癩蛤蟆，埋在女生回家的路上，把她們嚇得鬼哭狼嚎。

在學校裏，老師知道了我們的報復行為，怒不可遏，喝令我們上臺，以極為粗魯的動作摘掉了我們的紅領巾。在那一刻，我感到了一種欺侮，內心裏根本就不服氣。

　　在與李文道博士探討男孩女孩心理差異時，我慢慢理解了我小時的經歷，因為有研究指出，女孩往往容易從成人的視角上去看問題。在美國有研究人員調查了 20 個由學生策劃的未遂校園槍擊案的案例，其中有 18 個案例都是知悉此事的女孩提前報告了校方或其他成年人。再者，男孩的攻擊性也是女孩無法比擬的。

　　男孩和女孩之間存在諸多心理差異。性別差異方面的研究權威埃莉諾‧麥科比和卡羅爾‧傑克林曾經對 1,500 項關於性別差異的研究進行了總結，認為男性與女性在言語能力、視覺 / 空間能力、數學能力和攻擊性方面存在微小但可信的性別差異。

　　在這些差異當中，有些是男孩的優勢，有些是男孩的劣勢，而有些則是男孩不同於女孩的特點，既非優勢，也非劣勢。而且，我們還要注意到，有些特點，既可以看作優勢，也可以看作為劣勢，如男孩更喜歡冒險，更喜歡競爭，男孩更加活潑好動等等。

　　需要特別指出的是：在智力方面，眾多研究都指出男孩和女孩的智商不相上下，不存在顯著差異。

（一）男孩的劣勢

　　不可否認，與女孩相比，男孩在發展的脆弱性、言語能力以及情感表達三個方面處於劣勢。

發展的脆弱性

　　從受精卵開始，男孩就比女孩更加脆弱，對各種危險以及疾病的不良影響更為敏感，更加容易受到傷害。男孩在發展過程中也比女孩更容易出現各類發展問題，如閱讀障礙、言語缺陷、多動、情緒障礙和智力落後等等。對此，我們在前面已做過詳細論述。

語言能力

女生的語言能力優於男生，女孩獲得語言、發展言語技能的年齡較男孩早，女孩的言語流暢性也勝於男孩。在整個童年期和青少年期，女孩在閱讀理解測驗上也比男孩有微小但持續的優勢。這種差異從學前期就開始顯現，到 11 歲開始差距拉大，並持續到整個學生時代。女性在聽、說、讀、寫等方面具有優勢，對一些修辭的運用駕輕就熟。甚至在那些需要言語策略或類似言語策略的數學測驗上，女性的得分也高於男性。

著名的人類學家瑪克麗特．米德的跨文化研究指出：幾乎在所有文化背景下，女孩的語言能力都比男孩要強。

情感表達與敏感性

女孩比男孩更善於表達情感。兩歲的女孩即比兩歲的男孩更多地使用與情緒有關的詞語[1]，學前兒童中，女孩使用 "愛" 這個詞的頻率是男孩的六倍，使用 "傷心" 的頻率是男孩的兩倍，使用 "瘋狂" 的頻率與男孩相同。與兒子相比，父母與女兒更多地談論情緒以及與情緒有關的事件[2]。

研究人員曾設計了一個有趣的實驗[3]，他們給一組由幼兒園兒童和二年級小學生組成的播放一段錄有嬰兒哭聲的錄音片段，並監測他們的生理和

---

① David R.Shaffer 著，鄒泓等譯，發展心理學，中國輕工業出版社，2005 年。
② 丹．金德倫，照亮男孩的內心世界，上海教育出版社，2007 年。
③ 同上。

行為反應。研究人員想藉此了解這些兒童會如何反應，他們是試圖關掉錄音機以擺脫這種惱人的聲音，還是根據成人示範，通過錄音機與嬰兒講話來安撫這個嬰兒。研究結果表明，女孩對嬰兒哭聲的反應更積極，更少表現出煩惱，她們會盡力安撫哭泣的嬰兒，而較少關掉錄音機。男孩表現則大不相同，更多男孩的心電圖顯示他們對嬰兒哭聲感覺十分壓抑，他們的反應是很快上前關掉錄音機來擺脫哭聲。

（二）男孩的優勢

男孩的優勢主要表現為他的視覺 / 空間能力以及與之相關的數學能力等方面。

視覺 / 空間能力

男孩具有更高的方向感，男孩在學習立體幾何時更容易一些，這都有賴於男孩更好的視覺 / 空間能力。所謂視覺 / 空間能力，即根據圖片信息進行推理，或在心理上操作圖片信息的能力。男孩在視覺 / 空間能力測驗上的表現優於女孩。在四歲時，男孩就表現出這種優勢，而且隨着年齡的增長，這種優勢持續增長，貫穿生命全程[1]。

心理學家曾設計實驗來考察 3-11 歲男女兒童在空間能力發展上的差異。當被問到：一杯水由垂直豎立狀態傾斜 50 度，杯中的水平面看起來是

---

① David R.Shaffer 著，鄒泓等譯，發展心理學，中國輕工業出版社，2005 年。

什麼樣時，男孩成績顯著好於女孩[1]。

數學能力

研究表明，在青春期以前，男孩和女孩的數學能力沒有表現出顯著的差異。從青春期開始，男孩在大多數數學能力上佔有優勢。相對於女孩，男孩在算術推理測驗上表現出微小但持續的優勢；男孩掌握着更多的數學問題解決策略，因而能夠在複雜的幾何問題上比女孩有更好的成績。男性在數學問題上的優勢在高中階段最為顯著，有更多的男性在數學上表現出了驚人的才能。

研究也同時指出，男孩的數學優勢並非全面優勢，在計算技能上，女孩的表現就優於男孩。

（三）男孩獨特的心理

下面一些是男孩不同於女孩的特點，因為它們有時候是男孩的優勢，有時候又變成男孩的劣勢。

更好動、活動性水平更高

早在胎兒時期，男孩的身體活動就比女孩活躍；在整個童年期，男孩都一直保持着比女孩更高的活動水平[2]。

男孩的活動半徑更大，男孩需要藉此消耗更多的體力和精力。男孩喜

---

① 張文新，兒童社會性發展，北京師範大學出版社，1999 年。
② David R.Shaffer 著，鄒泓等譯，發展心理學，中國輕工業出版社，2005 年。

歡積木、汽車和飛機，並不是因為這些東西是男性特有的，而是因為在玩這些玩具時，需要更大的活動半徑，活動的範圍也大了許多[1]。女孩子也不是都喜歡女性化的玩具，她們喜歡的是能夠進行交流和有助於增進群體親密關係的玩具。

男孩研究專家波拉克也認為，男孩子喜歡競爭性、肢體動作比較大、較為耗費體力的活動，他們喜歡大團體、大空間的遊戲，或者是有遊戲規則或一決高低的競爭性活動。相反，女孩子通常喜歡人際互動，常常是一對一的，而且是不太費力的活動。

更高的攻擊性

從兩歲時開始，男孩的身體攻擊和言語攻擊就都多於女孩；在青少年時期，男孩捲入反社會行為和暴力犯罪的可能性是女孩的十倍。下面這四個實驗中都說明男孩具有更高的攻擊性。

第一個研究要求孩子們勸說他們的朋友吃味道極差的餅乾[2]，如勸說成功則給予獎賞。男孩子和女孩子都接受了這一挑戰。女孩子在勸說時充滿了歉意（是別人要我做的，不是我自己故意的），不會直接說謊去騙，而且願意和朋友患難與共，幫她吃一點那塊難吃的餅乾。男孩子就不一樣了，他們會面不改色地撒謊，騙朋友說這塊餅乾好吃得不得了。如果朋友還是不肯上鈎，他們就臉色一變，改用“敬酒不吃吃罰酒”的威脅口氣，強迫朋友吃，否則就給他好看。研究者總結說：在這個實驗中，女孩就像保險公司的推銷員，男孩子則像二手車販子。

① 戴特‧奧藤，男性的失靈，重慶出版社，2008 年。
② 安妮‧莫伊爾，腦內乾坤──男女有別之謎，上海譯文出版社，2003 年。

第二個研究是拍攝孩子們看電視時的反應[1]。結果發現暴力鏡頭一出現，男孩子的眼睛就會為之一亮，臉上發光，他們對暴力情節也比女孩子記得多、記得牢。

第三個研究是探討在假設的衝突情境下男孩和女孩會如何反應[2]。結果發現 69% 的男孩選擇了打架或對罵，同樣比例的女孩選擇離開衝突現場，或用非攻擊性方法來應付這種場面。

在第四個研究中[3]，一些兩歲的孩子在與玩伴玩耍時，偶爾聽到成年人之間的爭吵，女孩子往往表現出害怕、膽怯的反應，如嚇呆或掩面；而與之相反，男孩子則表現出攻擊性，甚至向同伴吼叫。

更叛逆、更不順從

從學前期開始，男孩就表現出更多的反抗行為，而女孩對於父母、教師和其他權威者的要求，比男孩更為順從。當希望他人順從自己時，女孩一般會採用機智、禮貌的建議。男孩們雖然能夠與他人友好合作，卻比女孩更多地藉助於命令或控制性的策略。

美國研究人員曾調查了 20 個由學生策劃的未遂校園槍擊案的案例，其中有 18 個案例都是知悉此事的女孩提前報告了校方或其他成年人。對此，這項研究的發起人詹姆士・麥克基總結說：男孩首先忠誠於其他男孩，女孩則從成人的視角看形勢。

心理學博士里奧納多・薩克斯認為，女孩更順從，是因為她們喜歡和

① 安妮・莫伊爾，腦內乾坤——男女有別之謎，上海譯文出版社，2003 年。
② 同上。
③ 同上。
④ 里奧納多・薩克斯，家有男孩怎麼養，中國青年出版社，2003 年。

大人擁有同樣的目標和價值觀，而男孩不是，他們很少對大人的目標和價值觀產生共鳴，而更傾向於做一些違法行為。

美國一些心理機構的調查發現，女生能夠更好地理解教師的意圖，更好地配合、服從。而男生則顯得更加反對權威，喜歡爭吵和冒險。

更喜歡競爭

只要超過兩個男孩在一起，他們就會免不了相互競爭，競爭是男孩或男性的本性之一。在一個男孩團體裏面，每一個男孩都會嘗試取得優勢地位。男孩子總是為了某些東西而競爭，有些時候，只是一件小玩意，有些時候，是為了團體中的地位或者權力。

有研究者指出了男性喜歡競爭的原因：男性喜歡構築等級，女性喜歡編織網絡。塔南認為[1]，女性往往把人際關係看成一個網絡，形形色色的人通過家庭關係、社會關係以及情感關係相互編織成一個大的社會關係網絡。男性則始終用等級的眼光看待自己與其他人的關係，尤其是與其他男人的關係。他們總是急於知道，在等級關係中，誰位於最頂端。女性傾向於尋找與他人一致的地方，與他人是否擁有共同的基礎，而男性則傾向於競爭，和別人一爭高下。

更喜歡冒險

2009 年 10 月 6 日，瑞典皇家科學院宣佈，將 2009 年諾貝爾物理學獎授予英國華裔科學家高錕，以表彰他在 "有關光在纖維中的傳輸以用於光學通信方面" 做出的突破性成就。高錕自小就是愛冒險的小科學迷，被父

---

[1] 戴特‧奧藤，男性的失靈，重慶出版社，2008 年。

母視他"頑皮仔"。

高錕在上海讀小學六年級時，就做了第一個化學實驗，製作一個用來趕嚇貓狗的泥球炸彈。高錕在自傳中說，小時候發現紅磷屬易燃物，氯酸鉀則是氧化劑，當這兩種化學物混和和經摩擦就會爆炸。他用紅磷粉和氯酸鉀混和，加上水並調成糊狀，再摻入濕泥內，搓成一顆顆彈丸。待風乾之後扔下街頭，果然發生爆炸，把貓狗嚇得半死，但幸好沒有傷及路人。

心理學研究表明，在出生後的第一年，男孩在陌生情境中就表現得比女孩更加大膽，更願意探索未知的世界，對新鮮事物更加好奇，而女孩在陌生情境中顯得更為恐懼和膽怯，她們比男孩更為謹慎和猶豫，冒險活動也遠遠少於男孩。

加拿大心理學家巴巴拉·莫倫基羅的研究指出[1]，男孩和女孩對於危險行為有不同的看法，在面臨潛在的危險時，女性往往會認真考慮自己會不會受傷，從而不會冒然向前，而男孩子經常低估危險，甚至意識不到危險的存在，即使意識到有一定風險，他們也會選擇去嘗試。

利希特·彼得森的研究發現[2]，女孩比男孩要膽怯得多，她們在騎車時剎車動作做得更早一些。男孩從錯誤中學習的速度也要慢一些，往往以為自己受傷是"運氣不好"引起的，下次可能會好一些，而且認為留下傷疤是很"酷"的事情。

與女孩不同的遊戲風格

1952 年，著名心理學家埃里克森就指出不同性別的孩子在玩積木時所

① 杜布森，培養男孩，中國社會科學出版社，2007 年。
② 同上。

表現出的巨大差別。他發現女孩總喜歡把積木堆成圓形的城堡，而男孩則用它來搭建樓房和火箭[1]。

在社會性遊戲中，兒童在絕大多數情況下選擇同性兒童作為遊戲的夥伴，男孩更願意選擇男孩，女孩更願意選擇女孩。在學前階段，男孩更喜歡結成兩人以上的群體一起玩，女孩則更喜歡在兩個人之間交往。小學階段，男孩的遊戲夥伴群體規模更大，而女孩更喜歡發展兩人間的親密關係。男孩的遊戲夥伴之間也更容易發生衝突[2]。

著名女性心理學家吉利根的研究表明[3]，男孩子玩耍的遊戲常常比女孩的遊戲更複雜，每一個參與遊戲的人都在不同的層面上扮演不同的角色，發揮不同的作用。女孩子的遊戲相比之下則沒有那麼複雜，參與者基本上總是做着相同的事情。男孩子的遊戲持續時間也比女孩子長得多，而且常常是不同年齡的孩子共同參與遊戲。

美國學者布倫達研究發現[4]：與男孩相比，女孩們更喜歡社會交互性遊戲。她們也喜歡語言遊戲，因為女孩的語言能力發展較早，她們期望在遊戲中成功地使用已掌握的語言。女孩也玩暴力遊戲，但她們的目的不是殺人，而是希望了解這些人為什麼被殺，怎麼會被殺。在遊戲中，她們期望得到一種問題解決的方式。

① 麥克‧湯普森、泰瑞莎‧巴克，家有男孩——男孩成長的話題，中國宇航出版社，2005 年。
② 張文新，兒童社會性發展，北京師範大學出版社，1999 年。
③ 戴特‧奧藤，男性的失靈，重慶出版社，2008 年。
④ 孫雲曉主編，學會求知，北京出版社，2006 年。

測驗：您真正了解男孩嗎？

　　不管您是父親還是母親，或者是一位關注男孩成長的人，請在題目後的選項內劃勾。

1. 大多數男孩是因為太調皮，所以男孩的學習成績比不上女孩。

　　是（　　）　　否（　　）

2. 男孩和女孩的學習方式沒有什麼不同。

　　是（　　）　　否（　　）

3. 男孩的生理發育總體落後於女孩。

　　是（　　）　　否（　　）

4. 男孩的心理發育總體落後於女孩。

　　是（　　）　　否（　　）

5. 男孩的生命更脆弱。

　　是（　　）　　否（　　）

6. 男孩更容易發生各種意外事故。

　　是（　　）　　否（　　）

7. 男孩網路成癮的比例更高。

　　是（　　）　　否（　　）

8. 男孩與女孩相比，既有優勢，也有劣勢。

　　是（　　）　　否（　　）

9. 男孩天生就是調皮蛋，不喜歡遵守紀律。

　　是（　　）　　否（　　）

10. 男孩天生更愛冒險，更喜歡刺激。

　　是（　　）　　否（　　）

　　在以上 10 個問題中，如果您有 6 個問題的回答為 "是"，說明您對男孩比較了解。如果您對以上所有 10 個問題的回答都為 "是"，您差不多算一個男孩專家了！如果您回答"是"的問題少於 6 個，說明您對男孩了解得還不夠，請您好好讀讀這本書吧！

結語：不要把男孩的"資產"看作"負債"

男孩的某些特點很容易被父母或教師看成缺點。以攻擊性為例，人們往往認為攻擊性即打架鬥毆，是一種不好的行為，往往把攻擊性與暴力聯繫起來，這其實是一種誤解。

攻擊性是我們的生物本能，潛藏在每一個男孩體內。在一個崇尚積極進取精神的社會裏，攻擊性有些時候不是貶義詞，而應該是一個中性詞。在英文中，攻擊性"aggression"就至少有兩重含義，一是消極的，指侵犯、挑釁、敵對行為等；二是積極的，指自信、大膽的和積極進取。如果攻擊性指向一些不為社會所讚許的目標，如傷害別人，這種攻擊性就會危害個人和社會，它就是消極的。如果攻擊性指向一些有意義的目標，如征服外部環境、克服困難、在駕馭環境中取得成功，那麼它就是積極的。朝這個方向發展的"攻擊性"，會變成個體心理中的積極成分，如堅忍、毅力、意志品質等。

因此，我們應該教男孩學會如何駕馭自己的攻擊性，而不是消滅它。

男孩的好動、冒險、叛逆以及對競爭的偏好，其實也包含了他的主動性、創造性，這正是人類生生不息的進取精神的源泉。

男孩與女孩之間存在諸多不同，這些不同大多是男孩的特點，而不是缺點。我們要學會把男孩的“不同”轉化為男孩的“資產”。這是我們拯救男孩的重要原則。

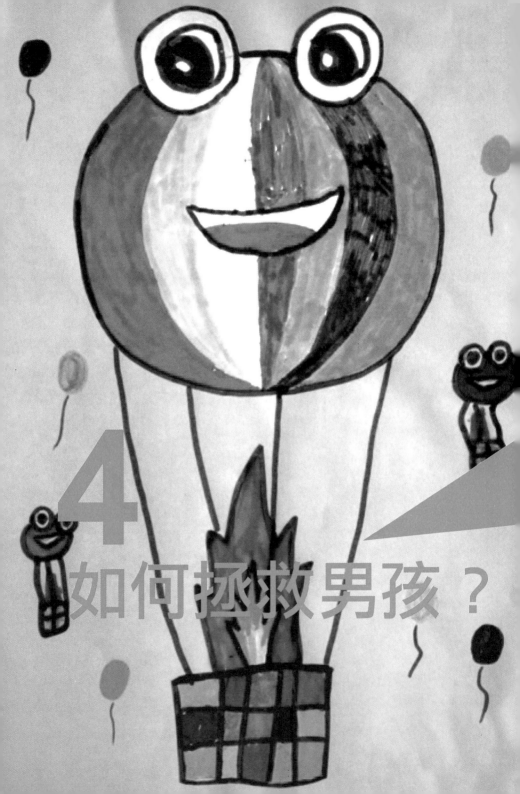

4

如何拯救男孩？

如何才能拯救陷入重重危機之中的男孩？

第一，要發現男孩，即重新認識男孩。我們要接受男孩更脆弱的事實，我們要更為耐心地等待"暫時落後"的男孩，我們要學會去欣賞男孩的獨特之處。

第二，拯救男孩，父母是第一責任人。導致男孩危機的原因很多，但最有可能儘快做出改變的首先是父母。父親要認識到自己對男孩的獨特價值，要學會恰當地發揮父親的作用。母親也要改變，要給予男孩足夠但適度的愛，還要學會如何"放養"男孩。

第三，學校教育，要勇於改變。學校要認識到男孩的獨特之處，學會接納男孩、欣賞男孩，並通過一系列具體的教育行動來改變以往忽視性別差異的做法，建設"男孩友好型"學校。

第四，我們的政府和社會也要改變。政府和社會有責任去創造一個有利於男孩發展的環境，讓我們的男孩健康成長起來，更好的擔負起建設美好明天的責任。

男孩危機是多個因素交互影響的結果，因此拯救男孩應該是一個系統工程，它需要家庭、學校、政府和社會各盡其責、通力合作。

我們知道：體罰和羞辱，絕不是我們想要的答案。

我們需要：發現那些本來就潛藏在男孩體內的優秀品質，幫助他們克服暫時的困難，幫助他們重建白信！

第一章

父母是第一責任人

　　如果您是男孩的父母，您可能焦急萬分。父母怎麼做，才能拯救身陷危機的男孩？

　　作為男孩的父母，您面臨很多困難。您無法改變中小學階段暫時落後於女孩的事實，您無法改變那些不利於男孩發展的教育教學制度，您也無法讓那些不利於男孩成長的"偽娘"不再出現……

　　外界因素父母無法改變，能改變的且能馬上改變的唯有父母。家庭是孩子的第一所學校，父母是孩子的第一任老師，父母是對孩子影響最為深遠和長久的人。

　　外界環境越是不利於男孩，父母的影響就越重要。

父母是拯救男孩的第一責任人，父母要做拯救男孩的先行者。

每一位男孩的父母，都能做出改變：

改變看待男孩的視角：男孩有缺點，更有優點，男孩更多的是不同於女孩的特點；

改變對待男孩的方式：當男孩表現膽怯時，不是一味指責男孩，而要讓男孩在接受膽怯的基礎上學習如何勇敢，如何成為一個真正的男子漢；

改變對待男孩的態度：對男孩更寬容些，當男孩在學業上暫時落後時，理解男孩，不放棄對男孩的希望；

……

只有深刻反思並理解自身在撫養男孩時的責任缺失、教養失當，父母才能真正發揮自身的價值。先送給男孩父母兩句話：

改變那些可以改變的；

接受那些不可以改變的。

拯救男孩，父母要學會戴着“鐐銬”跳舞，在這裏，“鐐銬”是指那些不利於男孩發展的外在因素。因此，男孩的父母要用更多的智慧與方法做出改變。

父母是危機男孩的最後一道防線，父母千萬要守住這道防線。

⤷ 一、父親：男孩成長的引路人

當個好父親比當英國首相還難。

——貝理雅，英國前首相

美國前總統奧巴馬深知父親對孩子成長的重要性。2008 年 6 月 15 日，父親節，芝加哥 "上帝使徒教堂"，身為總統候選人的奧巴馬在競選集會上向父親們大聲疾呼：回來吧！父親！在演講中，奧巴馬首先強調父親的作用：

在我們建立我們生活所依附的基石中，今天我們要記起來的是，最重要的基石是家庭。我們必須要認識到並予以肯定的是，每位父親對這個基礎能起多麼關鍵的作用。父親是教師和教練，他們是導師和生活角色的模範，是成功的榜樣，亦是推動我們走向成功的人。

接着奧巴馬提到了父教缺失：

但如果我們坦誠的話，我們應該承認有太多的父親不在其位，有太多父親失蹤，有太多父親未盡到父親責任。他們不負責任，他們的行為舉止就像個男孩，而不是個男人。我們的家庭基礎因此遭到削弱。

奧巴馬還列舉出具體的數字：

統計資料告訴我們：生活中沒有父親的孩子將來落入貧困或犯罪的可能性高出五倍；他們將來棄學的可能性高出九倍；將來被關進監獄的可能性高出二十倍。他們更有可能出現行為問題，更有可能離家出走，更有可能在未成年時就當上父母。由於父親的缺席，我們社會的基礎變得更加薄弱。

奧巴馬呼籲：

我們需要父親們能認識到做父親的責任並不只是一個概念……我需要你們認識到使你們成為一個男人的並不是你有能力生孩子，而是你有勇氣去養育孩子。

（一）父親難以替代

作為父親，我（孫雲曉）對父親的獨特價值深有體會，因為父愛與母愛是不同的，再好的母親都不能替代父親的作用，就像再好的父親都不能替代母親的作用一樣。

當孩子面臨重大問題，比如升學、選擇職業時，往往能看出父母視角、眼界不同。1995 年，我女兒臨近小學畢業，老師通知學生父母去學校開會，內容是畢業考前動員。

坐在狹小的椅子上，我發現這個會簡直像生死大戰動員會。現實明擺着，想讓孩子將來上大學嗎？那就讓孩子上重點中學，可上重點中學不容易，前三名才有希望。一個班五十多個學生，考前三名談何容易？

那就準備錢吧，當時的行情好像是區重點中學五萬元，市重點中學八萬。不過考分太低了，五萬、八萬也不行！可是，花了高額學費，進了重點中學的門，學生又會是怎樣的心理感受呢？會不會如坐針氈、四面楚歌？

果然，女兒表示不願去重點中學活受罪，提出要報考一所非重點的中學。這是一所全北京招生的日語特色學校，提前招生和錄取。妻子立即表示反對，她是北京大學日語專業畢業的，一直與日語打交道。她認為學日語天地太窄，將來發展空間受限制，還是主張女兒力爭進入重點中學，學習英語。妻子的擔心不無道理，學任何小語種都會受到某些限制。

於是，女兒選擇什麼中學成了我家的爭論焦點。我的觀點：第一，將有關信息告訴女兒，然後尊重女兒自己的選擇；第二，發揮優勢，先生存後發展。女兒學日語固然面窄一些，但可與母親用日語對話，加上那所日語中學對外交流多，會比學英語進步快，機會多，生存能力強。

爭論的結果是女兒輕鬆地考入了那所日語特色中學，免去了升初中的大考之苦，也免去了升高中的考試壓力。女兒在中學六年，總的說來是輕鬆愉快的，成績處於良好狀態。所以，我認為當時的堅持是對的。

最難以忘懷的是，女兒接待了三批日本女中學生在我們家住宿，她也到日本中學生的家裏住過兩個暑假。經歷了豐富多彩的體驗和實際生活的鍛煉，女兒不但日語水平提高迅速，獨立性與合作能力也顯著增強。高中畢業時，女兒希望到上海讀書，並考入了她夢寐以求的復旦大學。她說，她喜歡讀復旦，也喜歡上海這座城市。

如今，女兒已經成為一家著名媒體的資深記者，後來還被委派擔任長駐日本的記者，過着奮鬥和快樂的生活。雖然，女兒的英語水平弱一些，但懂日語也是她的特別優勢。所以,我越來越堅信當時的堅持是對的。

對於父愛與母愛的差別,北京師範大學教授陳建翔博士這樣論述[1]:

父性教育與母性教育的特點,與男女性別的特質是對應的。我們自古有"天父地母"、"嚴父慈母"的說法。父親與母親在孩子的教育上方式不同,特點各異,作用有別。母性屬於"地文化"、"坤文化",相對陰柔,具有慈祥溫柔、親切文靜、細緻體貼、注重感性的特點;父性屬於"天文化"、"乾文化",相對陽剛,具有剛毅果斷、強健有力、個性不拘小節、注重理性的特點。這樣一種陰陽兩極性,對於完整人性的養育而言,是相輔相成、相互補充的。孩子的健康成長需要同時汲取父性、母性的養料,才能秉承天地和諧之氣,達到感性理性的美的統一。缺失了任何一方,人性發展都是不完整的。我們的孩子們剛性不夠、骨氣不足、意志薄弱、沒有主心骨;我們許多男孩子有"女性化"的傾向、女孩子更有"軟弱化"的傾向,這都源於父性教育的缺失或偏頗。

……

如果說,母性教育是一種葉根的教育,目標是達到生命的滋潤、豐滿,那麼,父性教育就是一種"主幹"的教育,目標是建立人生的"主心骨",實現生命向空中的充分伸展!當孩子既享有母性教育,又享有父性教育時,他就同時兼備了慈愛與尊嚴,就擁有完整的人性;他既可以腳踏實地,又可以展翅高飛!

---

① 陳建翔,孩子的爸爸去哪兒了?山西人民出版社,2003 年。

美國《父母》雜誌這樣總結父親的獨特之處：

1. 父親跟母親是不同的；
2. 父親更愛與孩子玩鬧；
3. 父親對孩子的推動作用更大；
4. 父親使用的語言更複雜；
5. 父親對孩子的約束更多；
6. 父親使孩子更社會化，為他走進現實世界做準備；
7. 介紹男人在現實生活中的作用和行為；
8. 父親支持妻子；
9. 父親更會幫助孩子發揮潛能。

崔永元說這一生對他最具有影響力的是他父母的愛，他把這愛打了一個精彩的比喻，他說：父愛就像日出，那樣光明磊落，真摯情深；母愛就象月亮，那樣溫柔無私，慈愛無邊。

一個孩子的生活可以看作了一個圓，這個圓心往往是母親，而圓的半徑大小往往受父親的影響比較多

長期以來，我們總是習慣強調母愛的力量，強調母愛最崇高，但事實上，父愛的力量同樣偉大。就像一隻鳥兩隻翅膀、一個人兩條腿一樣，母愛和父愛是缺一不可，無法替代的。

（二）父親對男孩 "更重要"

兒子不是生活在父親的陽光中，就生活在父親的陰影中。

父親是男孩生命中最重要的男人，某種程度上可以說，是父親塑造了一個男子漢的形象，也是最重要的榜樣形象。

父親是兒子的第一個男子漢榜樣

父親是男孩男子漢氣質的源泉，男孩的男子漢氣質主要是通過模仿父親獲得的。父親對男孩性別角色的形成、性別行為的塑造以及性別社會化的完成發揮着至為關鍵的影響。

男孩對男性的認識，是從父親開始的。從父親身上，男孩學習如何舉手投足，如何待人接物，如何關愛女性。每個父親都很容易從男孩身上發現自己的影子，每個兒子長大以後也會發現自己越來越像父親。在心理學上，不管是精神分析理論、社會學習理論，還是認知發展理論，都一致強調父親在男孩性別社會化中所起的關鍵作用。

研究發現，充滿男子漢氣概的男孩，其父親的教養行為往往是果斷的、具有權威性的。相反，如果父親在家裏是軟弱無能的、母親具有支配性的，那麼，男孩對男性的性別認同就會受到傷害，男孩會表現出過多的女性化氣質。那些攻擊性行為很高的男孩，往往有一個軟弱、不起作用的父親；而那些害羞、自卑的男孩，其父親大多行為專橫，對男孩漠不關心。

模仿是男孩性別角色形成的基本途徑。父親提供一種男性的基本模式，男孩通過觀察與模仿學習男人如何待人接物，如何處理問題。心理學家麥克‧閔尼的研究結果指出：與那些一星期內接觸父親不到六小時的男孩相比，每天與父親接觸不少於兩小時的男孩，更有男子漢氣質，他們所從事的活動更開放，他們更具有進取精神，也更願意去冒險。還有研究證實[1]，男孩在四歲前失去父親，會使他們失去雄心和攻擊性，在性別角色中傾向於女性化，往往喜歡那些非軀體對抗性、非競賽性的女性化活動。

父親是男孩的玩伴，習慣用男性特有的力度和行為風格對男孩產生特殊的吸引力。美國心理學家謝弗研究發現，在遊戲中，父親會嚴格地按照社會所規定的性別角色標準來要求男孩玩那些適合其性別的遊戲，否則，父親就往往會懲罰男孩，這使得男孩更好的習得了男性的角色和行為模式。

男性研究專家大衞·斯杜和斯坦分·阿特伯恩認為："經驗告訴我們，今天最快樂、對自己性別角色最滿意的男性，是有父親在他們生命中傾注了大量時間和心血的男人。"

父親的養育方式更有利於培養傳統的男子漢氣質：獨立、勇敢、堅強、責任；對於彌補男孩男子漢氣質不足、獨立性不夠、膽小怕事等弱點，父教更是一劑良藥。

為什麼現在的許多男孩膽小怕事、唯唯諾諾、遇事退縮，甚至被女孩欺負得滿校園跑？這些現象的發生跟父親沒有正常發揮作用緊密相關，心理學大師弗洛伊德說過："我想像不出還有什麼比父親的保護更讓一個孩子的渴求那麼強烈。"

在青春期以前，缺少父親保護的男孩往往會膽小怕事。這種聯繫在用硫酸潑熊的劉海洋身上有很鮮明的體現，我（孫雲曉）曾把這種關係用"父教缺失的男孩一輩子都會缺鈣"這樣一句話進行概括。

作家蕭復興這樣比喻父親："一個父親就是一條船，載孩子駛入廣闊的世界。"父教健全的男孩往往敢闖敢幹，遇到挫折勇往直前，父親已經轉化為他前行的巨大動力。

---

① 莫建秀，學前兒童母親教育素質及其開發研究，華東師範大學碩士論文，2007 年。

父親的養育方式，更符合男孩發展的需要

父親的養育方式往往跟母親是不一樣的，在絕大多數的文化中，父親經常用不同的方式來抱寶寶，而母親通常每次都用相同的姿勢。在父母抱孩子的動因上，母親抱孩子主要是為了照顧他，而父親抱孩子則是同孩子遊戲玩耍。母親給予孩子更多的是穩定性和安全感，父親給予孩子更多的變化性和多樣性。父親教育孩子，往往只給他們劃個大框框，為孩子留下較大的自主空間。

在親子互動上，母親更多的是與孩子進行身體接觸和語言交流，而父親則更多是通過身體運動和孩子進行遊戲交流。心理學家拉姆的研究發現[1]，母親經常與孩子玩他習慣玩的遊戲，而父親則吸引孩子玩那些具有力量感的、刺激身體的和不可預知結果的遊戲，或者孩子不習慣、感到新奇和開心的遊戲。在親子遊戲時，母親經常把孩子抱在懷裏和孩子溫馨的對視，父親則常讓孩子騎在肩頭，或者把孩子拋上拋下。

當面臨衝突時，母親傾向於遷就孩子，而父親則更注重"立規矩"。在孩子遇到困難時，母親傾向於立刻幫助孩子，而父親卻往往想辦法讓孩子自己解決問題，從而在意志品質上和解決問題的能力上得到充分鍛煉。

總的來說，父親和母親在養育男孩的方式上有很大不同：

父親是外放的，母親是內傾的；

父親鼓勵獨立，母親講求依戀；

父親強調變化、創新和挑戰，母親強調穩定、一致和安全；

父親經常抓大放小，母親習慣對孩子事事關心；

父親的方式是動態的、富有創造性的，母親的方式是靜態的、穩

---

[1] 張麗華，試論父親在兒童性別化過程中的作用，遼寧師範大學學報（社科版），1998 年第 2 期。

妥的；

　　父親傳遞的是堅強、勇敢等陽剛之氣，母親傳遞的是細膩、呵護、富有同情心等陰柔之風。

　　總之，父親在培育男孩的男子漢氣概，在培養男孩的獨立、負責、冒險進取精神，在培育男孩的強健體魄方面發揮着更大的作用。

父親和男孩一樣，他們都屬於男性

　　男人和女人或許來自不同的星球，只有男性才能從根本上去理解另外一位男性。

　　男女兩性差異巨大，這種差異是千百萬年來進化的產物，就像男性很難理解女性月經期的心理低潮，無法體驗分娩的痛苦一樣，女性也同樣很難理解男性，她們很難理解男性為什麼不願安安靜靜地坐着，為什麼那麼願意爭鬥、叛逆、不安分。

　　兒子成長中所面對的難題，極有可能是父親小時候曾經的困惑。父親成長的經歷與經驗，更有可能成為兒子解決問題的鑰匙。父親和兒子有幾乎同樣的大腦結構，他們的體內湧動着同樣的雄性激素。父親看問題的視角更能貼近兒子的視角，也只有父親能理解在兒子血液中澎湃的雄性激素對他意味着什麼，理解什麼是性，什麼是愛。如果您承認男性和女性有顯著的差異，那麼您就會認識到父親在兒子的成長中發揮着重要作用。

　　當然，父親對男孩"更重要"這種說法，並不是要否定母親在男孩養育過程中的重要性，我們只是想強調父親在培育男孩的男子漢氣概方面發揮着母親無法比擬的作用，父親是男孩成長為男子漢的引路人。

（三）父親的態度決定一切

父親缺的不是能力，而是態度。

有些爸爸之所以沒有承擔起應有的教養責任，一個重要原因就覺得自己沒有能力照看好孩子，許多媽媽也是這樣認為的。缺乏教養能力，經常成為許多父親逃避責任的一種藉口。

記得，有一天傍晚，我（孫雲曉）從北京一所小學出來打車回家。出租車司機是個三十多歲的年輕父親，顯得很健談，主動與我攀談起來。

當他得悉我剛講完家庭教育課，一臉詫異地說：

"兒童教育？老爺們怎麼能幹這個呢？"

我知道他有女兒後，不解地問：

"怎麼？您這個父親不教育孩子？"

"教育孩子是她媽的事，我的任務是掙錢。"

這位的哥或許就是父教缺失的形象代言人。正像這位年輕的的哥一樣，許多父親受限於傳統的教育觀念，認為自己的責任是賺錢，是養家餬口，把教育孩子的責任完全推給母親。這種觀念影響了許多父親的教養態度和教養行為，使他們缺席孩子的生活和教育。

這些看法聽起來好像有些道理，但心理學研究顯示：父親完全有能力勝任教養責任。心理學家安·弗羅迪等人利用生理指標（心率和血壓）來了解父親和母親對嬰兒行為的敏感性[1]。他們發現：父親和母親對嬰兒的啼哭或微笑的生理反應是一樣的。父親與母親一樣能夠區分出來不同嬰兒的不同的啼哭聲。研究還發現：男人和女人同樣能夠分辨不同的啼哭類型。

① 羅斯·派克，父親的角色，遼海出版社，2000 年。

羅斯·派克曾對父親對新生兒的反應進行研究[1]。結果發現，對嬰兒發出的信號，父親會像母親那樣善於反應。母親和父親對嬰兒的信號的反應差不多：與嬰兒進行更多的交談，更多地接觸嬰兒，並且在嬰兒發聲後更加密切地注視嬰兒。不過，父親與母親反應的方式有所不同。羅斯·派克認為：雖然父親和母親對新生兒的信號反應有所不同，但是父母雙方都能以一種敏感的和功能性的方式對新生兒的暗示做出反應。他還總結說：父親不僅能夠辨認嬰兒發出的信號，而且還能適當地利用這些信號來引導自己的行為。

可見，父親是不缺乏教養能力的，缺的是態度，因此，父親們首先要端正態度，要有勇氣突破傳統的性別刻板印象，改變傳統的養育態度，把教養孩子視為父親義不容辭的使命和責任。

美國著名家庭教育專家杜布森："沒有哪個男人比蹲下去幫助孩子的時候站得更高。"

西奧德·羅斯福總統："在兒子面前，我不是總統，只是父親。"

魯迅說過："憐子如何不丈夫！"

下面我們要分享的是一個有關麥克阿瑟的故事。道格拉斯·麥克阿瑟將軍，美國陸軍五星上將，正是在他的帶領下，二戰期間盟軍在太平洋戰場上打敗了日本軍隊，推翻了日本法西斯。除此之外，讓美國人尊敬他、記住他的還有另外一個原因，那就是他是一位兒子的好父親。

1942 年，二戰進行得如火如荼之際，麥克阿瑟還是擠出時間去領一個獎 ——"優秀父親獎"。站在領獎臺上，他這樣講：

---

① 羅斯·派克，父親角色，遼海出版社，2000 年。

"沒有什麼比由全國父親節委員會（給予我這一榮譽）更使我感動的了。從職業來說，我是一名士兵，我對此感到無上的光榮。但是我感到更自豪的是我是一名父親。一名士兵為了創造而去從事毀滅。做父親的只從事創造，決不去毀滅。前者可能導致死亡，後者則意味着創造和生命。死亡的隊伍雖然很龐大，但是生命的隊伍更為壯大。我的希望是，在我離去以後，我的兒子記得我的不是戰鬥，而是家園。"

作為父親的麥克阿瑟，是值得所有父親學習的榜樣。做一個好父親，可能是您一生中最感榮耀的事情。

成為一名好父親，並不是一件容易的事情，這需要正確的態度、良好的榜樣以及持續不斷的時間投入。

（四）好"爸爸"需要時間付出

我覺得男人最大的時尚就是多在家待一待。其實把所有該回家的人都召回家，這個社會就會安定許多。現在許多不回家的人，不是因為事業，而是泡在酒桌上、歌廳裏。如果晚上每個家庭的燈都亮了，那也是一種時尚。

—— 陳道明，演員

兒童時期，是一個人可塑性最強的時期，是心理發展的關鍵期，也是父子關係形成的關鍵期。可以作這樣一個比喻：在兒童時期，父親每一分的投入，他在將來可以有十倍的回報；如果錯過這個時期，當孩子長大成人，父親再多的投入，也可能收穫甚少或沒有收穫。

爸爸的稱號是孩子給予的，"爸爸"這個稱號跟孩子是同齡的。好爸爸的起點是孩子出生的那一刻。

有關兒童發展的心理學研究表明，從孩子一出生，父親與孩子之間的關係就開始建立了。出生六週時，嬰兒就能分辨出父親和母親聲音的差別，八週時，嬰兒就能夠分辨出母親和父親照料方法的差異，而且，令許多研究者和媽媽們感到大惑不解的是，大多數嬰兒先會叫"爸爸"，而不是媽媽，這讓許多辛辛苦苦撫育孩子的媽媽感到有些委屈。

要想成為一個好父親，就要從兒子出生第一天起，捨得投入時間去養育他、教育他。為了兒子的成長，父親要甘於做出一定的犧牲，甚至比較巨大的犧牲，因為兒子的成長是他生命中最重要的事情。

爸爸，金牌屬於您

在 1924 年巴黎奧運會上，最有可能奪得划艇金牌的是美國的四人組合，其中一位名叫比爾·哈文斯。不巧的是，他的第一個孩子的預產期正好在奧運會比賽期間。當時，從美國到巴黎，只能乘坐速度很慢的遠洋輪船。比爾進退兩難：如果他去巴黎參加比賽，他就有可能實現自己參加奧運會的最大夢想，並極有可能收穫一枚奧運金牌，但他無法在孩子出生的時候陪在妻子身邊；如果他不去參加比賽，他多年參加奧運會的夢想就無法實現，因為這種機會對他來說只有一次。

雖然包括妻子在內的許多人都堅持要比爾去參加比賽，但他最後還是決定放棄奧運會（事實上他也放棄了金牌，因為美國隊獲得了該項目的金牌），陪伴在妻子身邊，等待孩子的降生。

28 年後一天，比爾在家中接到了一封來自芬蘭赫爾辛基的電報："親愛的爸爸，感謝您在 1924 年我出生的那一刻，等候我的來臨。我即將返家，身上還帶着原本應該屬於您的一塊金牌。"他的兒子 —— 富蘭克奪得了加拿大式獨木舟個人金牌。

在全世界掀起鋼琴旋風的郎朗，也把今天的成就歸功於父母，尤其是父親。他說："父母為了我放棄了自己的發展，尤其父親在我的成長過程中，立下了汗馬功勞。在美國巡演，父親每場都跟着我，我與他有很好的默契關係，是別人想像不到的，我們之間有許多共同點。"在郎朗九歲的時候，父親為了陪他去中央音樂學院學琴，毅然辭去了瀋陽市公安局的工作，住在北京的一間筒子樓裏，陪郎朗學習鋼琴。郎朗的成功其實凝聚着父親數不清的汗水和心血。

如果父親對兒子的發展投入足夠多的時間，足夠多的愛，兒子就會永遠記住父親。相反，如果有些父親沒有做到這一點，在兒子的成長過程中缺席了，當兒子將來發展不順或者走上斜路時，他第一個要埋怨的將是父親，他會把自己的行為歸因於父教的失職。他們往往會覺得母親已經盡了心力，而他們的狀況正是由於父教缺失所導致。

在孩子還未長大的時候，一個父親如何肯花時間陪伴孩子，在孩子的生活裏沒有缺席，培養起親密的父子關係，那麼當父親年老時，孩子也願意花時間陪伴，這既是一種報答，更是一種本能的反應。

（五）父親該出手時就出手

像大多數傳統的農村男人一樣，我（李文道）的父親是個挺沉默寡言的人，總是默默地做着農活，不苟言笑。從我很小的時候起，父親就經常帶我們二個孩子幹各種各樣的農活，在小事上父親管教我們並不多，我的管教更多是媽媽負責。

　　在讀小學時，媽媽還管得了我。上了中學以後，我的學習成績慢慢就跟不上了，到最後我便選擇自暴自棄，整天在學校裏混日子。我的成績差得出奇，一次期中考試，英語考了四分，我讀高中的哥哥對此極其困惑，因為前面有三十多分的選擇題，他說閉着眼睛瞎選，按照四分之一的猜對概率，也不至於得四分。到今天為止，我也解釋不清楚，但確實只考了四分。

　　成績差，人緣也不怎麼樣，自己不願受那些留級的年齡大一些的同學的欺負，跟他們幹過幾次架，當然負多勝少，曾因打架被班主任老師開除回家。最後姐姐去學校向班主任老師求情，我重新回到學校，但那時的我，心早已飛離了學校。

　　記得那是一個秋天，放秋假幫家裏幹農活，自己玩野了。農活雖然髒累，但累的是身體，心情還是非常舒暢的。那年秋天的天氣也特別好，秋高氣爽，不冷不熱。農村的原野很廣闊，不像教室裏，密密麻麻的人頭讓人透不過氣來，農閒之餘還能有一些娛樂活動……雖然簡單粗樸，但我仍然興趣盎然、樂此不疲。到秋假快結束開學時，我已經樂不思蜀了，對回到學校讀書一點也沒有興趣，簡直就是視學校為畏途，視教室為仇敵。

　　在秋假開學的前幾天，我向媽媽攤牌了 —— 不再回學校讀書了。媽媽的反應異常強烈，先是威逼，不成再利誘……小時候媽媽打我比較管用，但這時已經不管用了，她以前的教育手段統統失靈，我不服她的管教了。

　　媽媽沒有辦法了，無技可施了，她還指望我向哥哥學習（我的哥哥是當時村裏的第二個大學生）讀好書讀大學，她的希望看起來要破滅了，她很失望很傷心。不管媽媽怎麼樣反來覆去的教育引導，我就是不聽。秋假開學的那天早上，媽媽仍在做我的工作，希望我背起書包去上學，而我已經吃了秤砣鐵了心了，再也不願回到學校那個鬼地方。

父親早上起得早，先去地裏幹了兩個多小時的農活，這時回家吃飯了。他沒多說什麼，只記得問我："去還是不去？"我的答案顯然是不去上學。從來沒有打罵過我的父親這時爆發了，隨手脫下自己的一隻涼鞋，一隻大手抓住我的左胳膊，另一隻手用涼鞋狠狠地打我的屁股，一下、兩下……以前一直被母親打，但從來沒有被父親打過，沒想到父親的力氣這麼大，打得我嗷嗷直叫，發出殺豬似的乾嚎聲，拚命想逃也逃不掉，因為父親的大手死死地抓住我的胳膊，像老鷹抓着小雞似的，我只能圍繞着父親的身體作圓周運動。

不知打了多少下，父親可能也打累了，放下涼鞋，問我："去不去（上學）？"從來沒有捱過父親打的我這時心裏已經屈服了，但嘴還有些硬，口氣不是那麼堅定地回答："不去。"父親又掄起了手中的涼鞋……我徹底屈服了，為了給自己臺階下，提出了自己的妥協條件：繼續上學可以，但要留級。

最後，父母答應我了的留級要求，我又重新回到學校，然後是復讀，以後的求學之路比較順暢：從重點高中到山東師範大學，再到北京師範大學，一直讀到博士畢業。

人生的路很長，但關鍵可能就那麼幾步。現在回想起來，還有些後怕，如果當初母親無技可施，父親也放任我輟學，今天的我可能是另外一番境地，極有可能像我的大多數小學中學同學那樣，在地裏幹着農活，一年到頭也沒有多少收入，或者在外地打工，居無定所，也賺不了幾個錢。今天想來，是父親的一頓暴打讓我重新回到求學的正軌上來。

作為一個研究家庭教育的學者，現在我當然反對用暴力體罰孩子，我很慶倖自己當初被打以後作出回學校讀書的決定，而不是以暴治暴、與父親正面衝突，甚至離家出走等等。

通過我自己的親身經歷，我特別想告訴父親們的是：孩子的青春期是一個反叛的階段，面對青春少年的反叛，母親往往會力不從心，這時候她特別需要父親的加入來共同教養躁動不安的孩子。

美國著名教育專家杜布森博士曾披露了他父親的這樣一段經歷[1]：

我爸爸是一名傳道者，很多時候都不在家，我的母親則和我一起待在家裏。在青春期那段時間裏，我開始和我母親發脾氣。我從來沒有作出過全面的反抗，但是我確確實實有過那種傾向。

我永遠忘不了那個晚上，我媽媽跟我爸爸打電話。

我聽見她說："我需要你。"

使我驚奇的是，我爸爸立即取消了四年的聚會，把我們住的房子賣了，搬到南方700英里遠的一個地方去當牧師，這樣他就可以和我們在一起，一直到中學畢業。這對他來說是個巨大的犧牲，他在事業上從此一直沒有更大的發展，但是他和媽媽都覺得，我的健康成長比他們眼前的工作更為重要。在那幾個年頭裏，我本來有可能遇到更嚴重的麻煩，但因為父親就在我身邊，我獲得了幫助。今天，我如我經常做的一樣，又一次滿懷敬意地談到我的父母，其中的原因之一是，在我走向崩潰的邊緣時，他們給了我最大的關心。

微軟的創始人比爾·蓋茨在青春期時也出現過反叛行為，試圖擺脫母親的控制，對母親大為不敬。在這個關鍵時刻，父親及時出手，讓蓋茨重

---

[1] 杜布森，培育男孩，中國社會科學出版社，2007年。

新走上正軌 [1]：

　　到 11 歲時，蓋茨開始向父母拋出千奇百怪的問題，為難他們。步入青春期的蓋茨試圖擺脫母親的控制，對保持房間整潔、準時吃飯、別咬鉛筆頭等要求產生抵觸情緒，母子之間時常發生爭執。

　　11 歲後的蓋茨成了讓母親頭疼的孩子。母子矛盾在蓋茨 12 歲的一天達到高潮。蓋茨在餐桌上對着母親粗魯地大喊大叫，言辭充滿譏諷和孩子氣的自以為是。一向總代表着矛盾調停者的老蓋茨終於怒了，端起一杯涼水，潑到兒子臉上。喊叫停止了。

　　回過神的小蓋茨突然對爸爸說："謝謝淋浴。"

　　這件事情發生以後，老蓋茨與妻子一同找專家諮詢小蓋茨的教育問題，並很好地解決了這個問題。

　　當母親在教育孩子的時候，遇到力不從心的時候，特別需要父親的出現。心理學家認為："父親的出現是一種獨特的存在，對培養孩子有一種特別的能力"。

（六）父親是兒子的教練和顧問

　　小學以前，父親在兒子的心目中往往近乎英雄或神的形象，父親無所不知，無所不能，而到了青春期，父親的英雄形象往往會逐漸坍塌。美國

---

[1] 張代蕾，比爾·蓋茨父母的育兒經驗：一杯涼水潑出一個世界首富，現代計算機（普及版），2009 年第 20 期。

著名作家馬克‧吐溫曾寫道："14 歲的時候，我覺得自己的父親如此無知，以至於我很難和他相處。可是，等我長到 21 歲，我吃驚地發現，老爸居然知道那麼多東西。"

在青春期以及真正成熟之前的相當長一段時間內，對於男孩是一個四肢發達、頭腦衝動的階段，他們人高馬大，他的身高可能已經超過父親，肌肉塊正日漸隆起，體內澎湃着高水平的雄性激素，頭腦中有太多的想法以及強烈的獨立自主的衝動，希望 "我的地盤聽我的"。從青春期開始到真正成熟之前的這段時間，是男孩一生當中最容易出問題的階段，也是父親作用最為重要的時期之一。所以，犯罪心理學家李玫瑾教授認為，對於 12 歲至 18 歲的孩子，父親的教育最重要。這個時期的男孩，特別需要一位態度堅定、要求嚴格的父親的管教與激勵。他需要一位教練，幫他強壯渾身的肌肉，並引導他如何控制自己的肌肉力量，而這位最好的教練即是他的父親。這時期男孩的頭腦中有太多的想法，太多的選擇，他會暫時性地分不清東南西北，找不到迷失的自己，他可能經常性犯錯甚至行為出軌，他需要一位顧問的指引，而這位最好的顧問正是他的父親。

這是一個父子相互較勁的時期，兒子會有意無意地挑戰父親的權威，跟父親較勁。在這段時間，明智的父親會選擇不離不棄地站在兒子身邊，耐心地指導、等待他的成熟。在與父親較勁的過程中，兒子的力量會穩定地增長，更重要的是，通過父親的信息反饋，他慢慢學會如何掌控自己的力量，並把這種力量導向對自己和社會有益的方向，而不是暴力與犯罪。

下面這對父子就是極好的證明：

一個從小就和爸爸作對、較勁，一個不想成為父親那種人的兒子長大後說："我突然有一天發現，我變得越來越像我爸爸。"

　　從小到大，兒子很怕父親。父親對兒子要求很嚴格：要求兒子用冷水洗臉，要求他背誦《論語》、《詩經》，這讓年幼的兒子有着強烈的抵觸情緒，他時不時會"密謀造反"，又最終因"力量懸殊"而偃旗息鼓。

　　兒子就這樣熬到高中畢業，以為這下可以自由翱翔了。他自小有個理想：當導演拍電影，他打算報考北京電影學院。當時報考北影需要專業文藝團體的推薦，兒子便向在中央電視臺工作的父親求助，沒想到卻被父親拒絕了："你沒有一點閱歷，就算考上了導演系，又能怎麼樣啊？"父親認為高中畢業就考導演系，只不過學些電影 ABC 之類的東西，沒有一點生活感受，不但拍不出什麼好電影，還會學出一身自高自大的毛病。父親還找來單位新分配來的年輕女導演來考兒子，結果兒子在毫無準備的情況下，面紅耳赤，奪路而逃。最後，父親"獨斷專行"，以"年輕人要多吃苦"為理由，自作主張地在他的志願表上填了軍校。這個兒子真是恨死父親了。為此，他跟父親大吵了一架。

　　本科畢業兩年後，覺得自己羽翼漸豐的兒子便想挑戰父親的"權威"，他下定決心報考北影學院導演系的研究生，並破釜沉舟似地準備起來。父親知道後既沒有表示反對，也沒有表示支持，更沒有動用關係為兒子"鋪路架橋"。當父親的老友、北影導演系主任主動打電話問他怎麼不給他打個電話時，他竟說："我兒子如果不行，你能照顧嗎？我兒子如果行，還用你照顧嗎？""冷酷"父親拒不援手，兒子只得更用功了，他憋着一口氣，一定要證明給父親看，最終以總分排名第一的成績被錄取。

　　畢業以後，兒子成為北京電影製片廠的專業導演。因為是新人，整整三年時間沒有導演一部戲。那時候的兒子整天無所事事，常常坐在街頭，看着夕陽發呆。而當時的父親，已經寫出了《蒼天在上》、《大雪無痕》等頗具影響的劇本。兒子很希望父親也能為他寫一部劇本，再利用他的影響力為他尋找投資方。兒子委婉地暗示過父親，但每次父親都這樣告訴兒子"你是個男人，自己的事情自己解決"。想到別人的父親總是想方設法為子女牽線搭橋，而父親卻對自己的事業不聞不問，兒子心裏有種難以言說的滋味。

2001 年，兒子的事業終於迎來轉機，他導演的電影《尋槍》榮獲國際國內十多項大獎。兒子滿心以為父親會表揚他幾句，誰知，父親只是淡淡地說"還行"。兒子回敬了父親一句"在你眼裏，我永遠成不了氣候"。兒子與父親吵了起來，很長時間誰也不搭理誰。

2004 年，兒子拍了《可可西里》，父親看完以後，對兒子說"別管別人說什麼，怎麼說；小子，你肯定行了。"

2004 年，父子倆都因一位摯愛親人的去世而感到悲痛，看到父親為失去親人而痛苦不堪時，兒子打來熱水為頭髮散亂的父親洗頭髮。這一舉動讓蒼老的父親老淚縱橫："孩子，從小到大爸爸對你很嚴厲，你也許覺得爸爸很冷酷，但爸爸從來都把你的每一步成長放在心裏。溺愛與縱容孩子，是一個父親最大的失職。"

2006 年，父親在接受記者採訪時談了對韓寒與白燁關於 80 後之爭的看法，並把這篇訪談貼到自己的博客上。料想不到的是，此後幾天，有五六百人在他的博客裏對他進行謾罵與人身攻擊。父親茶飯不香。看到父親如此痛苦，兒子坐不住了。兒子在自己的博客上發表了文章《關於那場爭論》："我的父親，他用一生為這個國家作出了貢獻。對於這樣的老人，我很想問一句那些滿嘴噴糞的人，你們沒有父母嗎？"

2009 年，兒子嘔心瀝血的四年之作《南京！南京！》舉行首映式，記者連線遠在異地養病的父親。在屏幕上，父親嘴唇哆嗦，幾度哽咽難語：“孩子，四年來你受的苦，我和你媽都看在眼裏。”兒子有太多的話想對父親訴說，可又不知從何說起，只是向父親深深地鞠了一躬，眼裏噙着淚花。

這個兒子是誰？這個老爸又是誰呢？

相信讀者們已經猜出來了。兒子的名字叫陸川，是當代著名的青年新銳導演，他的代表作有《尋槍》、《可可西里》，還有《南京！南京！》。這個老爸也大名鼎鼎，名字叫陸天明，他的代表作《大雪無痕》、《省委書記》、《蒼天在上》等反腐題材作品，幾乎家喻戶曉。

↳ 二、母親：男孩的“安全島”和“放飛基地”

（一）母親，愛的源泉

不管是對男孩，還是女孩，母親無疑都具有非常重要的影響。著名的教育家福祿貝爾說：“國民的生命，與其說操在當權者手中，不如說握在母親手中。”

美國歷史上兩位特別偉大的總統這樣評價母親：

喬治·華盛頓：“我的母親是我見過的最漂亮的女人。我所有的一切都歸功於我的母親。我一生中所有的成就都歸功於我從她那兒得到的德、智、體的教育。"

亞伯拉罕·林肯："無論我現在怎麼樣，還是希望以後會怎麼樣，都應當歸功於我天使一般的母親。我記得母親的那些禱告，它們一直伴隨着我，而且已經陪伴了我的一生。"

杭州市鐵路五小的小學生們這樣評價母親：

謝密珂（四年級）：母親，一個含辛茹苦撫養孩子的天使，一個默默無聞的幕後英雄。是她，辛勞教導着子女；是她，溫暖着家庭的每一個人；又是她，使我們懂得了爸爸的勞動＋媽媽的付出＋子女對家的熱愛才能等於一個真正溫馨的家。

姜丹寧（五年級）：我的母親，並不漂亮，可我覺得她是萬花叢中的仙子，她無時無刻、無微不至地培育着那棵矮小並不起眼的花兒。我的母親，文化程度不高，可她卻有一把金鑰匙，輕輕地打開了我的心靈之門，解除我的煩惱。我的母親，永遠是我最心愛的人！

葉漾漾（六年級）：母親在我心中有多重？我會說："母親在我心中好比金燦燦的太陽，為我打開了一道道充滿陽光的大門，每當陽光照在我身上，我就想起母親。"

不管是大人物，還是小學生，從他們的言語裏，我們看到的是母親的偉大與可敬。

（二）養育男孩，對母親是一種挑戰

母親對男孩是非常重要的，但養育男孩，對母親來說並不是一件容易的事情。養育男孩，母親有優勢，也有劣勢。

母親的優勢

培養男孩，母親具有天然的生理優勢，那就是生養於一體。母親是男孩的孕育者與餵養者，從懷胎、分娩、哺乳到嬰兒斷乳，幾乎整天與孩子朝夕相處，這一特殊角色決定了母親在培養男孩上的生理優勢。與父親相比，母親與男孩有更多的身體接觸，母親的愛撫讓男孩感到安全。

除了生理優勢，母親還有後天的社會優勢。母親是男孩了解異性的第一渠道，用弗洛伊德的話說就是：母親是“獨特的、無可比擬的、最強烈的、一生無可替代的第一個愛的對象，是將來兩性之間愛情關係的模範”。男孩對母親的印象是他將來處理異性關係的基礎，將影響他對女性的看法，並將對他未來的婚姻關係產生深遠影響。

與父親相比，母親更敏感，更具愛心，對男孩的照顧更為細心，母親更擅於言語溝通與交流。這些母親所擅長、父親所欠缺的心理特質，正是男孩成長過程中所必需的。母親的敏感、愛心與細心，對男孩的生存和健康成長非常關鍵，因為男孩生來更脆弱，在生長的過程中面臨的危險因素更多。

母親的教育對男孩的言語發展至為關鍵。男孩發育的最初幾年，正是語言發展的關鍵期。在這一階段，由於母親與男孩接觸時間最早、最長，母親能為男孩提供最多的語音刺激，母子之間的言語交流，最有力、最直接的促進了男孩的言語發展。

母親的劣勢

　　母親最大的劣勢，又是她與兒子最大的不同，就是母親跟男孩分屬於不同的性別世界。眾多生理學和心理學的研究證實：不同的性別，在生理和心理上都存在巨大的差異，男性和女性有着不同的大腦，分泌着不同的性激素，有着不同的性生理和性心理。下面就是兩位母親的親身感受[1]：

　　——我簡直無法想像如何與一個男孩保持一種親密的聯繫，我自己也沒想過這方面的事情，我有的只是教育女孩的想法……還有，我是女性，我不知道男孩是如何長大的，我無法給我的兒子做出示範，證明男孩不必大喊大叫，也不必大發脾氣，同樣能夠成為一個可愛的人。

　　——同樣作為母親，我真想同一個小女孩一起再做一次小女孩。我很幸運自己是個女孩。不管和我的哪個兒子在一起，我都覺得他完全生活在另外一個星球上，他對世界有一種完全不同的感受，並以一種不同的方式來接近這個世界。從技術性的立場來看，這種動作和需要體力的爭鬥對我來說，完全是陌生的。從有記憶開始，在孩提時代，我就無法理解這一點。我始終在問我自己：男孩為什麼要這樣做？他們為什麼要搗亂？為什麼要互相打鬥？直到現在我還是這樣問。

　　哈佛大學心理學教授丹·金德倫認為：對許多女性而言，養育兒子之所以是一項極具挑戰性的工作，是因為她們覺得自己不能理解兒子，因為她們自己從未真正體驗過男孩的世界，或者她們對男孩的理解與期望只是沿用了她從自己的父親和兄弟交往中領會到的一些東西，但這可能蒙蔽了

---

① 揚‧烏韋‧羅格等，給父母的男孩教育手冊，湖北教育出版社，2006 年。

她對兒子的理解。

美國女心理學家伊夫琳‧S‧巴索夫認為，對母親而言，教育兒子意味着艱辛的付出。因為"母親和兒子之間缺乏相同性和一致性，母子之間更多的只是一種對異性的感受。"

作為妻子，理解異性的丈夫尚且不易，與丈夫相比，兒子更難理解，因為他既是男性，又是小孩子。母親與兒子之間除了性別差異以外，還存在年齡差異。小孩子的心理與成年人有非常大的差異，小孩子看待問題的方式和角度跟成年人都是不一樣的，他的思維方式、道德評價標準都異於成人。

正是由於性別和年齡的雙重差異，加大了母親與男孩的距離，使母親很難真正理解男孩的行為。養育男孩，母親面臨雙重挑戰，要克服兩大障礙：性別鴻溝和代際鴻溝。培養女孩，母親可以依靠女性的直覺，但培養男孩，母親需要學習更多新知識。

母親的第二大劣勢，就是容易溺愛孩子。十月懷胎，母親經受了許多男性難以想像的痛苦和付出。在孩子生命的前幾年，母親更是孩子的主要照看者，吃喝拉撒睡，母親在孩子身上付出了數不清的心血。正因如此，許多母親都會出於本能去溺愛孩子，過度保護孩子，生怕孩子遇到什麼危險，受到什麼傷害，她更不願意讓孩子獨立去面對外面世界。

對母親來說，最重要的是母愛能給男孩以安全感，是他自由探索的"安全島"。放養則使男孩成長為真正的男子漢。如果把男孩比作一棵樹，那麼充分的母愛是他的根基，而"放養"使他能向上向外不斷生長，終成參天大樹。關愛與放養，相輔相成，不可偏廢。

（三）足夠關愛，但不溺愛

對母親來說，培養男孩，是一個痛並快樂的過程。母親不能單純依靠母愛本能去培養男孩，還需要更高層次的智慧引導。

有相當多的父母存在一種看法，那就是為了讓小男孩變成堅強的小男子漢，應該減少對男孩的關愛。這其實是一種誤解。男孩和女孩一樣，同樣需要足夠的關愛。

著名心理學家弗洛伊德曾說過這樣一段話："受到母親無限寵愛的人，一輩子都保持着征服者的感情，也就保持着對成功的信心，在現實中也經常取得成功。"

哈佛大學心理學家們長達 36 年的追蹤研究表明，在嬰幼兒時期，父母應該盡可能多地給予孩子關愛，如擁抱、親吻、愛撫他們。在父母的關愛下成長的孩子，他們更有安全感，更為自信。這些安全感和自信使他們的婚姻更美滿、友誼更親密、心理更健康、事業更成功。

著名男孩教育專家波拉克也呼籲父母們應該盡可能多給男孩一份關愛，聲稱這樣做絕不會寵壞他們，相反，還會增加男孩的愛心、同情心和理解他人的能力。波拉克認為只有這樣，男孩才能夠成為人際關係良好的青少年，才會成長為有益於社會的人。

心理學的依戀理論特別強調，母愛所提供的心理安全感是個體探索的條件與保障。充分的母愛會讓男孩感到安全，充分的母愛是男孩心理避險的"安全島"。男孩只有在心理上感覺到他是安全的，他才會敢於冒險和探索。

毫無疑問，男孩需要母親足夠的關愛，但關愛應當是理性的，毫無節制的關愛就會演變為溺愛，而溺愛對孩子有百害而無一利，因溺愛而導致的悲劇數不勝數。

　　什麼是真正的關愛？有原則的關愛才是真正的母愛，嚴慈相濟的關愛才是真正的母愛。在這方面，有一位母親值得我們學習，她曾經這樣對頑劣的兒子說：

　　媽媽此生都疼你，不過你記住，如果你吸毒，就是你毒癮發作痛苦死掉，我也不會給你錢去買毒品。如果你盜竊搶劫，我一定會去報警，我不會為了面子幫你隱瞞，也不會幫你在法律人情上周旋。你坐牢的時候，我也不會送一分錢到監獄裏去，讓你在那裏吃穿舒服，你只能在那裏捱餓受凍。你應該明白，家裏人雖然都愛你，但是你沒有特權。

　　這樣的愛才是真正的關愛！真正的母愛！真正的母愛是為了男孩的未來考慮，要考慮他是一個獨立的人，將來要承擔責任的人，這是母愛的真正起點，這樣的母愛才能夠與弱化男孩的"溺愛"區分開來。

（四）爸爸是媽媽最好的"合作夥伴"

　　丈夫能否盡職地承擔起孩子的教養責任，妻子的支持很重要。羅斯·派克對 300 名父母進行研究後發現[1]：妻子所持的態度與丈夫的實際參與水平有關，如果妻子對丈夫的育兒技能和活動參與感興趣，對丈夫的參與活動給予積極評價，父親的參與水平就會比較高。相反，如果妻子心態不夠開放，把孩子看成自己的"一畝三分地"，抵制丈夫的教養努力和承擔父親

---

[1] 羅斯·派克，父親角色，遼海出版社，2000 年。

的責任，父親就往往會在孩子的生活中缺失，危害到孩子的健康成長。

母親們首先應該認識到：母親再能幹，也難以代替父親的作用。當一個小男孩問媽媽為什麼女孩蹲着小便，而男孩站着小便時，再高明的母親也會覺得難以回答或者不知道如何回答，而一個與男孩身體構造相同的父親則很容易讓小男孩明白其中的原因，父親只要示範一下，男孩馬上就不會再問了，因為他知道爸爸就是這樣的。

聰明的母親應該知道：父親在男孩的成長過程中發揮着不可或缺的作用，父親在塑造男孩的男子漢氣質方面具有比母親更重要的作用。父親是男子漢氣質的加油站，父親是男子漢氣質的養成所。現在許多男孩，甚至成年男性之所以缺乏陽剛之氣，一個很重要的原因就是父親在他們的生活中缺席，他們缺少可資模仿的男性形象。

明智的母親，應該想辦法讓父親回到男孩的生活中來，讓爸爸成為教養男孩的“合作夥伴”，發揮他獨特的價值和影響，讓兒子順利成長為男子漢。

要發揮父親的作用，母親需要做到以下幾點：

首先，要學會維護父親的正面形象。

明智的母親會積極維護父親的正面形象，讓兒子有一個看得見、摸得着的男性榜樣。母親是兒子與父親之間的一座橋樑，男子漢氣質正是順着這座橋樑由父親傳遞給兒子。

如果一位母親尊重她的丈夫 —— 兒子的父親，那麼兒子就會尊重並進而模仿父親。如果一位母親看不起、輕視她的丈夫，認為他一無是處，是一個失敗者，那麼母親就破壞了那個男孩生命中最重要的男性榜樣，讓男孩輕視、看不起自己的性別。下面描述的就是一個兒子對飽受母親欺侮的父親形象的痛苦回憶[1]：

　　我至今還記得清清楚楚，我和兩個兄弟、父親和母親坐在晚餐桌邊，畏畏縮縮地聽着母親罵我父親。"你們瞧瞧他，他的臉都塌了下來，他是個失敗者。他沒有勇氣去找好一點的活兒，或是去多掙點錢來。他是個沒指望的人。"他只是把眼睛盯着自己的盤子，從不去搭她的話。她從來沒有說過他好的地方，比如，他的執著不懈、他的埋頭苦幹。相反，她總是抓他身上不是的地方，在他的三個兒子面前描繪一個與世無爭的男人形象，這個男人被他無法控制的世界壓得喘不過氣來。

　　父親從不對母親的嘮叨指責頂嘴。這樣的態度在他的兒子面前起到了這樣的作用：似乎那些指責都是有道理的。母親對父親的態度以及父親那副形象帶給我的是：婚姻並不是什麼幸福的事兒，或者說女人基本上不像人樣。從我那受斥責的父親身上，我對自己擔當起丈夫和父親的角色沒有什麼動力。

　　維護丈夫的形象，並不是要讓母親袒護丈夫，而是要引導孩子發現父親身上的優點、閃光點，讓他感到生為男性、將來成長為男子漢是件令人倍感自豪的事情。

　　如果父親的形象被母親破壞得一塌糊塗，男孩就缺失一個最重要的男子漢榜樣，那麼他就會四處尋找那些所謂的男子漢榜樣，比如影視作品中充滿暴力的"硬漢"形象等等，而這往往使男孩陷入危險境地。

　　其次，母親要主動"撤退"。

[1] 杜布森，培育男孩，中國社會科學院出版社，2007 年。

當男孩長到兩三歲，具有獨立行動能力以後，他就會有一種本能的傾向，希望掙脫母親的懷抱，向父親靠攏。這時候，明智的母親就會讓出一些時間和空間給父親，讓父親慢慢走進孩子的生活。在現實生活中，父教缺失的一個重要原因是，父親發現在孩子的教育上母親包辦了一切，他想插也插不上手，久而久之，不知不覺中就放棄了自己為人父的責任。

做父親的能力是需要逐漸培養的。母親可以把一些自己不擅長、而對男孩發展非常重要的任務交給丈夫。如讓丈夫跟孩子一起遊戲，一起運動，讓男孩在遊戲和運動中鍛煉身體，增長才智。不少研究都發現：與父親接觸較多的男孩，在身高、體重、體質、運動能力方面都優於那些與父親接觸較少的男孩，而且較少發生感覺統合、動作失調的問題。

對母親來說，讓父親加入到男孩的教養之中來，絕對是明智之舉。父母共同培養的孩子，將會全面繼承父母的優點，充滿陽剛之氣，成為真正的男子漢。

（五）“放養”教出好男孩

男孩就像玻璃，本性脆弱；而男子漢就像玻璃鋼，既剛硬又有韌勁。男孩成長為男子漢就像玻璃轉化為玻璃鋼，是千錘百煉的結果。

一個真正的男子漢，絕對不可能躺在母親的懷抱裏長大。一個離不開母親的男孩，永遠長不大，不會有什麼出息。

微軟中國研究院的院長張亞勤博士，12 歲就讀大學，成為中科大少年班年齡最小的學生，20 歲碩士畢業，23 歲中科大博士畢業。他就是母親

"放養"出來的。張亞勤曾詳細描述了母親"放養"的過程[1]：

世上有一種愛，叫"放飛"。母親對我的愛就屬於這種。她不會把我捧在手心，許多事情總讓我親自去做，還說：學會獨立，才能放飛。從小我就受到這方面的鍛煉。上小學和中學階段，我家很多與外界打交道的事，母親儘量交給我去辦……

小時我常一個人乘火車去外地，母親說："男孩子，就要到外面跑跑，才能獨立，才能真正了解外面的世界。"我經常一個人坐火車來往於太原到晉南姥姥家，都從來不會害怕，因為我覺得本來就應如此。

那年上大學，我才12歲。辦理轉移糧戶關係、買火車票、託運行李等許多事情，都是我親自辦理的。雖然有母親陪着，但她不出面，只是提醒我不要把證件弄丟了。有趣的是那次辦理託運行李時，工作人員說："叫大人來辦，小孩不能辦。"坐在稍遠處看管行李的母親這才上來說："他能行，讓他辦好了，我不會寫字。"工作人員無奈，只好讓我辦……

接到大學的錄取通知書後，終於要啟程上學了。離家那天，母親送我到火車站，簡短地交代了一下路上注意的事項後，又是帶着微笑地說了一句"你能行！"雖然我多麼希望母親也能一起上車，陪我去那遙遠的城市，但一句"你能行"給我很大的自信和力量。我克制着眼裏的淚水，心裏默唸："媽媽，我要飛走了，我有勇氣，一定會飛好，請您放心。"

① 王輝耀，獻給母親的禮物，人民出版社，2008。

張亞勤還特別談到七歲時就獨自坐火車出遠門的經歷：

那年，我獨自坐火車去奶奶家。走之前，母親給那邊的親戚去了信，讓他們派人去火車站接。但是這封信親戚沒有及時收到，沒有人到火車站接我。結果，我一下車就懵了。那時沒有電話，身上錢也不多。想了想，我決定步行幾十里山路，一個人摸到奶奶家去。天黑了還下着雨，我走在陌生的山路上，就這樣邊問邊走，憑着曾經去過的一點模糊記憶，走了一天，總算摸索着找到了奶奶家。當我濕淋淋地出現在奶奶面前時，奶奶吃了一驚，她沒想到我居然一個人找到她家，她更沒想到母親竟然這麼放心我一個人出來。

很多年過去了，這段經歷依然記憶猶新。這些難忘的經歷現在看來卻成了珍貴的財富。母親說過：＂路是自己走出來的，不管有什麼困難，都要自己去面對，永遠不要指望別人。＂

……

母親常說：＂孩子總是會離媽媽越來越遠的。連動物都是這樣，這是自然界的規律。＂是啊，孩子從一出生抱在懷裏，到慢慢掙脫懷抱蹣跚學步，直到千里之外讀大學……母親並不把我束縛在她的身邊，這個漸漸遠離的過程，她總是在一旁微笑着看我經歷。

母親的放手，是對我的信任，當別人孩子還溺愛在母親的懷抱裏時，我卻經歷了許多，也漸漸長大成人。輕鬆平常，自在成長，我享受着這種母親給予的＂放飛的愛＂。

張亞勤非常感謝母親，他認為正是母親的放飛，讓他一次又一次展翅高飛。

　　一個明智的母親應該懂得：好男孩是"放養"出來的。母親們，一定要警惕溺愛的陷阱，只有放手、放飛，男孩才能在風雨中歷練成長為真正的男子漢。

　　如何放養？怎樣磨練男孩？有人總結為五個應該[1]：

該碰的釘子讓他碰

　　孩子初來人世，單純幼稚，假如家長事事都替他安排得天衣無縫，他就不會對這個世界有真正的了解，將來很可能會碰大釘子。

　　我們如果能在日常生活中為孩子設置一些困難，鼓勵他們自己想辦法解決，會有利於增強孩子的生活能力，培養他們克服困難的勇氣和意志。

該繞的彎路讓他繞

　　家長提供的捷徑孩子未必買賬，即使走在捷徑上他也不一定能安下心來，反而會對自己設計的路難以忘懷。

該受的苦累讓他受

　　平時適當地給孩子一點勞累刺激，讓他們做一些力所能及的家務活，參加一些運動量適當的體育活動和公益勞動，不僅有利於提高孩子的身體素質，還能培養其吃苦耐勞的精神，讓他們在勞動中增長智慧，體驗他人工作的辛苦，從而學會尊重他人的勞動，珍惜勞動成果。

---

① 孫建雷，過度保護影響孩子自主發展，農家參謀，2007 年第 7 期。

該動的腦子讓他動

　　一來可以鍛鍊他們的應變能力，二來也可以讓他們懂得生活的甘苦。

該受的批評讓他受

　　許多處於眾星捧月地位的孩子，驕橫傲慢，偶爾受到批評，便會大使性子、大哭大鬧或者喪失信心。對於這樣的孩子，及時適當地進行批評教育，指出其缺點與不足，並予以適當的約束是非常必要的。

　　親愛的母親，做出改變吧，用您的理智與愛心！

　　請相信，一個堅強、獨立、負責任的男子漢正在向您走來！

第二章
學校該做些什麼？

　　著名學者呂叔湘先生曾作過這樣一個類比：教育的性質類似農業，而絕對不像工業。工業是把原料按照規定的工序，製造成為符合設計的產品。農業可不是這樣。農業是把種子種到地裏，給它充分的合適的條件，如水、陽光、空氣、肥料等等，讓它自己發芽生長，自己開花結果。

　　教育家葉聖陶極為讚賞這個比喻。他認為受教育的人的確跟種子一樣，全都是有生命的，能自己發育自己成長的；給他們充分的合適的條件，他們就能成為有用之才。所謂辦教育，最主要的就是給受教育者提供充分的合適條件。

　　豐子愷先生曾畫過一幅漫畫，標題是《教育》。他畫一個做泥人的師傅，一本正經地把一個個泥團往模子裏按，模子裏脫出來的泥人個個一模一樣。做泥人雖然非常簡單，也算得上工業；原料是泥團，往模子裏一按就成了產品——預先設計好的泥人。可是受教育的人絕非沒有生命的泥團，誰要是像那個師傅一樣只管把他們往模子裏按，他的失敗是注定無疑的[1]。

我們都渴望生活在一個豐富多彩的世界，我們的教育要培養的人也應是具有個性、充滿活力的個體，而不應是批量生產的模式化產品。男孩與女孩、男人與女人的差異，無疑是這個世界最美的風景。教育的目標不應是抹平這些差異，而應在尊重天性的基礎上，因材因性施教，促進每個人自由健康的發展，也只有這樣，才能真正實現男孩、女孩的公平發展。

2013 年 6 月 16 日，在一場熱身賽中，中國國家隊 1：5 慘敗泰國隊，中國足球掉進了萬丈深淵，人們好像對中國足球再也不抱多大的希望了。

也是在同一個月，一個小學足球隊重新燃起了人們對中國足球的希望。在世界上最具影響力的十大青少年足球邀請賽——中國濰坊第四屆"希望盃"國際青少年足球邀請賽上，新疆烏魯木齊第五小學足球隊 7：0 大勝韓國釜山隊、7：0 大勝韓國揚平隊、2：1 戰勝日本大阪隊，勇奪冠軍，以七戰全勝進 43 球失 3 球的戰績成功衛冕。

更具戲劇性的一幕發生在比賽之後，在正式比賽中輸給新疆烏魯木齊第五小學足球隊的日本大孤隊並不服輸，發出"請戰書"，要求再賽一場。第五小學足球隊毫不猶豫的接受了挑戰，最終以 2：0 的比分再次戰勝日本隊，終於讓對手輸得心服口服。

傲人的足球成績源自烏魯木齊第五小學幾十年來的重視和堅持。第五

① 任蘇民，教育與人生——葉聖陶教育論著選讀，上海世紀出版集團、上海教育出版社，2004 年。

小學面積不大，只有兩座教學樓，但在狹長的水泥空地上，學校還是劃出了一塊足球場。第五小學黨委書記安平說："我們只有一小塊水泥地當足球場，但上級領導很關心學校體育建設，體育老師們盡心盡力地訓練，小隊員平時也很刻苦，全校師生 100% 參與，踢足球已經是學生們學習生活中的最大樂趣。"

第五小學足球隊成績突出，文化課同樣也不錯。普通學生進入足球隊後，文化成績往往都有進步。第五小學足球教練亞里買買提這樣強調足球訓練與學習的關係："要是哪個球員學習成績下滑了，我們會讓他回去學習，直到成績提升了再回來踢，否則不讓他參加球隊訓練。"

在第五小學，踢足球不僅僅被看作為一種體育技能，更被看作為培養拼搏進取、積極向上品德的重要方法。

一、尊重性別差異

我們可以斷言：一個不尊重性別差異的學校，必定是一個男孩危機重重的學校。

長期以來，我們的教育忽視了性別差異的存在及其影響。現在，是我們重新審視並改變對性別差異看法的時候了。我們要認識到環境和教育只能在一定限度內塑造一個人的社會性別，但這種塑造不是無限制的，我們應該尊重這些與生俱來的性別差異。

在美國曾發生過這樣一個有關性別改變的真實案例[1]：

布魯斯·默爾出生時有一個雙胞胎兄弟，他們都是男孩。當布魯斯八個月大時，他的陰莖在包皮環切手術中被意外切除了。數月後，他的生殖器官通過外科手術改造為陰道，而他的名字被改成為布倫達（女孩常用名）。布倫達的父母給她買連衣裙和娃娃，他們送她去女性精神病學家那裏接受諮詢以幫助她形成女性觀念，但是沒有一種努力奏效。布倫達拒絕穿連衣裙，她與男孩玩而不與女孩玩，她的雙胞胎兄弟不願與她分享卡車，她就把零花錢都存起來以便能買自己的卡車，她甚至會試圖站着小便。在少年時，儘管布倫達注射了雌性激素，但她從沒有感到對男孩有吸引力。她沒有朋友，她的同學們折磨她，她甚至痛苦地考慮過自殺。

在 14 歲時，布倫達拒絕服用任何雌性激素，並公開地對她的女性身份進行質疑。在這時，她的父親告訴了她以前的故事。但對布倫達來說，這個消息帶來的不是極度的痛苦，而是一種解脫。"第一次一切變得合情合理……我明白了我是誰，我是男還是女。"

布倫達（布魯斯）注射雄性激素並進行了幾次手術恢復了原來的性別。在 25 歲時，他與一個女孩結婚了。最重要的是，他說作為男人他是幸福的。

從布倫達（布魯斯）的經歷我們可以看出：後天環境難以改變一個人的性別。

---

[1] 蘇珊·吉爾伯特，男孩隨爸，女孩隨媽，中信出版社、遼寧出版社，2003 年。

我們的學校，包括所有領導和教師，都應該有這樣一種意識，那就是男孩和女孩是不一樣的。我們必須學會理解並尊重這種性別差異，而不是忽視、漠視，甚至企圖消滅它。

　　讓我們再來重溫一下一些關於男孩的事實：

　　男孩是脆弱的。男孩在生理上和心理上都是脆弱的。男孩的生理脆弱貫穿一生，男孩的心理也是脆弱的，壓力會讓他感到更為焦躁不安，他的情感也更容易受到傷害。

　　男孩是"暫時落後"的。特別是在幼兒園和小學階段，男孩在生理和心理發展的許多方面都落後於女孩。

　　男孩跟女孩是不一樣的。雄性激素塑造了與女孩不一樣的男孩。男孩的大腦與女孩存在諸多不同，男孩和女孩在心理上既各具優勢，又有不同的特點。

　　只有我們的教師真正理解了這些有關男孩的事實，那才有可能在對待男孩的方式上逐漸做出改變。

　　當男孩在學業上暫時落後時，教師會更寬容、更有耐心，因為他／她知道，男孩在學習上表現不夠理想，並不一定是因為他態度不認真，並不一定是因為他調皮貪玩，而更有可能是因為他的神經系統、大腦發育暫時落後於女孩。

　　當男孩好動、頑皮，偶爾犯些小錯誤時，教師會更寬容，因為他／知道，男孩需要更多的運動，過剩活力及不安分正是男孩天性的一部分。

　　當男孩因受挫而生氣、因痛苦而哭泣、因害怕而恐懼時，教師會安慰他，因為他／她知道，男孩並不像看起來那麼堅強，男孩的情感也有脆弱的一面。

　　寬容並不會慣壞男孩，因為美好的期望經常會鼓勵男孩朝着積極的方向發展。

↳ 二、重視男孩興趣

　　與女孩相比，男孩是興趣型動物。男孩不是不願意讀書，而是往往不願去讀那些他不感興趣的書。男孩不是不喜歡體育鍛煉，而是往往因為他們不願意單調的重複一些枯燥的肢體動作。男孩需要對抗、競爭和刺激，這些都是他們興趣的表現形式。

　　如果我們找到了男孩的興趣點，如果我們能夠尊重男孩的興趣，男孩其實一樣愛讀書、愛運動。一位美國校長就是這樣做的[1]：

　　格雷戈里·霍奇是美國紐約哈萊姆黑人居住區一所公立學校弗雷德里克·道格拉斯學校的校長。該學校是最近剛剛榮獲了 Schott 基金會獎項的三所院校之一，以表彰該校在黑人男生教育方面的傑出成就。霍奇告訴我，當他 11 年前剛剛來到這所學校的時候，學校已經取得了很大成就，但是學校中 80% 的學生都是女生。這位新任校長決心吸引更多

---

① 大衛·德萊赫利，男孩危機，讀者文摘，2007 年第 23 期。

男孩到該校讀書。今天，在該校所有 1,450 名最為貧困和少數族裔的學生中，有一半是男生。今年，該校不但沒有一個孩子輟學，而且每位高年級的學生都順利畢業，並且全部參加了大學入學的培訓課程。

霍奇說秘密在於當孩子惹上麻煩之前就與他們接觸 —— 他利用學校的籃球設施，吸引仍在小學裏上學的男孩。一旦吸引了他們的注意力，你就必須給他們一個充滿各種可能性的世界，在那裏他們能有所成就。

弗雷德里克‧道格拉斯學校的學生，必須遵守嚴格的着裝規範和接受嚴格的紀律。許多學生都生活在學校裏，甚至星期六也不離開學校，每天做幾個小時的家庭作業；如果有人落後了，就會接受學校專門開設的輔導指南；參加數十種體育培訓和各種活動，包括籃球、長曲棍球、芭蕾舞和植物學等。霍奇解釋說，男孩子需要以他們自己的方式學習。"許多孩子非常頑皮，"霍奇說，"那就是男孩的天性。他們需要親身實踐，不撞南牆不回頭。男生更加渴望通過自身努力找出答案。既然如此，為什麼不讓他們成為自己的老師呢？"

"有一次，曾經有 15 個學生面臨輟學，"校長繼續說道，"他們不願意參加體育活動。我必須找出他們感興趣的項目 —— 最後，我給這幫傻孩子們設立了一個錄音棚，他們負責錄音棚的事務。每個人都堅持到了畢業。我會嘗試任何項目 —— 舞蹈、象棋、無土栽培、機器人技術，目的是讓孩子們明白，這是一個每個人都可以找到適合自己特長和興趣的天地，並最終取得成功。"

如果我們能像霍奇校長那樣重視男孩的興趣，發掘男孩的興趣，男孩的危機就不再是問題了。

興趣是男孩教育的切入點。要改變男孩危機的現狀，就要多動動腦筋，去尋找男孩的興趣。

⤷ 三、改革評價機制，發掘男孩的優點

學校教育在評價機制上有諸多不利於男孩的因素，讓男孩優勢不優，劣勢更劣。

男孩子身上的很多特點，它們到底是優點，還是缺點，往往在於我們如何看待它。比如男孩的好動，往往被老師看成是學生的缺點，因為活潑好動的孩子更容易違反紀律，更容易出現意外事故。在有些學校，課間跑跳被看作是一項"重罪"，男孩的生氣勃勃被看作學校秩序的潛在威脅。但是，假如我們換一個視角，不正是活潑好動塑造了男孩的動手能力和運動能力嗎？男孩子不服從，常常提出老師難以回答的問題，常常搞"破壞"，但這在很多時候正是創造性的源泉。

在當前應試教育傾向依然突出的情況下，男孩的優點常常被忽視，一個主要的原因是應試教育的評價機制使男孩的優點無法發揮。在應試教育之下，考試幾乎成為衡量學生好壞的唯一標準。應試教育的評價機制：重知識輕能力，重記憶輕思考，重求同輕求異，重重複輕發現，重模仿輕創造，重收斂輕發散，重標準輕變通的價值偏向，這些都更適合女生特長的發揮。

如果我們在考試中增多一些動手的、操作的、推理的、想像力的內容，如果我們在考試形式上更加多元、更加靈活，如果我們能夠更加全面、更為客觀地評價學生的表現和發展，那麼我們就有希望看到，有更多男孩的特點與優勢在校園中得到展現和認可，就可以幫助更多的男孩找回自信，走上良性發展軌道。

↳ 四、改革教學方式，讓課程動起來

人類認識世界的方式或者學習的方式，大體可以分為兩種，一種是單純的書本知識學習，另外一種就是"體驗"——通過親身實踐去學習。這兩種方式都是我們所需要的，但應試教育過於偏重書本學習，忽視親身體驗和實踐，這事實上是否定了大多數男孩的學習方式，因為他們比女孩更傾向於"體驗"式的教育。

美國心理學專家薩克斯博士認為，忽略"體驗"可能導致男孩發育受阻，不是認知發育受阻，而是強烈的好奇心受阻[1]：

我們把祖父輩就知道的東西都忘了，所有孩子都要在"學習"（單純的知識學習，引者註）和"體驗"之間得到平衡，既需要坐，也需

---

[1] 里奧納多·薩克斯，家有男孩怎麼養，中國青年出版社，2009 年

要站；既需要有課堂教學，也需要有野外遊玩，這一點男孩和女孩都需要。但如果女孩被剝奪了這種平衡，如果她們的課業像今天一樣繁重，只有"學習"，沒有"體驗"，她們仍然會做家庭作業，因為正如我們之前討論的，對於女孩來說，能夠討好老師是對她們的一項重要獎勵。可對男孩來說不是，如果把他們在"學習"和"體驗"之間的平衡剝奪了，他們就很容易厭惡學校。如果讓一個男孩講講從蝌蚪形成青蛙的整個生命周期過程，而他從沒有接觸過青蛙，沒有光着腳在小河裏追着蝌蚪跑的經歷，而把重心逐漸轉移到"學習"上，導致的後果是：男孩將逐漸失去學習的積極性……

男孩往往更喜歡體驗式學習，例如男孩們可以通過數手指來學習數學，可以在池塘邊用手用眼睛來學習生物，這樣的方式，對他們更適合。

相比較而言，女孩傾向於聽覺型學習，男孩傾向於運動型學習。有時候，讓男孩理解某個東西很有困難，但如果讓他動手，他很快就能弄明白。男孩容易對單純的知識灌輸感到煩躁，但往往對動手實驗感到興趣盎然。

既然我們了解了男孩的學習方式，那麼我們的學校就應該着力改變以往的強調單純知識傳授的教學方式，增加學生的社會實踐，讓他們有更多接觸大自然的機會，去了解真實的世界，這對男孩有利，對女孩也有利。

↳ 五、分性別教學

　　既然男孩與女孩在諸多方面存在差異，那麼分性別教學是一個自然而然的想法。

　　在本書開頭所提到的上海八中的"上海市男子高中基地實驗班"就是一個有益的嘗試。我們在前面提到上海八中的"男生班"已經取得了豐碩的成果：從開始的月考年級倒數第一，到期末考試名列前茅。在兩個男生班中，一個班五門學科有四門學科平均分全年級第一，另一個班緊隨其後，部分學科平均分居年級第二。5/6 的男生體能素質有所提高，比如入校測試男子班平均肺活量為 3,700 毫升，第一學期後提升至 4,200 毫升，而普通班男生的平均數值約 4,000 毫升。

　　其他一些地方教育行政部門已經認識到這一點，如北京市教委要求從 2008 年秋季學期起，所有初中的體育課都將實行男女分班。

　　在談及男女體育分班教學的原因時，北京市教科院基教研中心體育教研室主任馬凌介紹：初中體育實施男女分班教學，是因為初中以上的學生開始進入青春期，在體育鍛煉上存在性別差異，女生側重柔韌性的運動，如舞蹈，而男生更喜歡一些對抗性運動，如籃球等，採取男女分班教學能使男生和女生得到更有針對性的鍛煉。

　　對於分性別教學，雖然有不同的意見，但這是一個值得嘗試的做法。如果運用得當，它不但有利於男孩的發展，也有利於女孩的發展。北京市一些中學的經驗就很值得借鑒。據《北京青年報》報道[1]：

北京十四中實行男女分班教學已經有十多年了，實踐證明體育課男女分班教學確實能提高體育課的教學效益。體育老師龔真觀這樣總結：

"實行男女分班教學使體育教學組織管理更加嚴謹，減少了傷害事故的發生……男女分班教學選出兩名體育委員，每班一位，這樣一來在體育課上為教學組織和管理帶來了方便，同時也為分組教學提供了便利。男女分班教學是最基本的分組教學方式，一名教師上40多名男生或女生的體育課，由於體育項目統一，學生差異不大，課上的體育活動就可以統一管理，集中講解，集中示範，分組練習，個別糾正。教師也能夠集中力量，關照到所有的學生。在男女合班教學中，就會給教學組織和管理帶來難度，有時會顧此失彼，造成不必要的傷害事故。"

北京57中學、中關村中學、廣渠門中學等中學的體育老師還指出，推廣男女分班教學保證了體育技能學習的系統性。他們說，實行男女分班教學從時間上保證了體育教學的單元計劃和課時計劃的順利實施，使體育技能的學習和掌握落到實處；實行男女分班教學，體育教師按照設定的教學計劃實施技能教學的完成過程，每個單元只設定一個項目的技術學習，這樣就能夠保證有足夠的精力教會學生。而男女合班教學就得設定男女生各一個項目或層次的教學目標，完成教學任務就會大打折扣。

著名教育學家呂型偉先生認為，男女同校分班教學優點很突出，既能

---

① 初中男女分班上體育在爭議中進行，http://bjyouth.ynet.com/article.jsp?oid=45238452&pageno=2

按性別教學，又有與異性接觸交流的機會與環境。

在分性別教學方面，國外不乏成功的案例。英國的一所男女同校的鄉鎮中學——科茨沃爾德中學，進行了為期兩年的實驗，上英語課時，男女生分開，教師分別給他們授課（上其他課時，他們還是和往常一樣男女合班）。在實驗教學過程中，授課教師相應調整教材，按照男孩女孩各自的興趣、愛好設置課堂教學內容。

這個實驗取得了意想不到的效果：經過兩年的學習，實驗班男孩的成績有了非常顯著的提升，取得高分的男孩的數量是以前的四倍，而且，女孩的成績也得到很大的提升。該校校長馬里恩·考克斯這樣解釋男女分班教學的益處："男孩發現，當沒有女孩在場時，他們能放鬆下來，從而更好地表達自己的想法，女孩對此也有同感。"馬里恩·考克斯還認為："分性別教學帶給孩子的並不僅僅是英語高分，而且他們的行為方式、注意力和閱讀水平都有了很大程度的提高。我相信，如果在他們還小的時候（不到14歲的時候），還沒有因為迷戀上電視、電腦而放棄學業之前，我們就實行這種教學模式的話，我們成功的概率會有更大的提高。"

加拿大蒙特利爾市的詹姆斯林中學是另外一個成功的例子。在分性別教學以前，這個學校問題很多：不少男孩子打架滋事，懷孕女生的比例則高達15%，學生成績普遍很糟糕，輟學率相當高。校長痛下決心，決定實行男女生分班教學，並按不同方法和風格施教，女孩子由女老師教，男孩子則由男老師教。結果，不出幾年，學校教學狀況有很大的改觀：曠課率下降了三分之二，考試平均成績提高了15分，畢業後進大學和社區學院的學生比原來多了一倍，而未婚先孕的現象幾乎絕跡。

當然，分性別教學能否成功取決於許多因素，比如，學校是否已經做好充分的準備，教師的教學方式是否能因性別不同而的確有所差異等等。

六、讓男孩晚一年入學

　　北大教授吳必虎曾在其微博上發佈了一個帖子，建議女童在六至七歲入學，男童七至八歲入學，一時間成了眾人關注的焦點。吳必虎認為："鑒於男女兒童智力發育速度不同，男童普遍晚於女童兩年左右，同性學童之間也有智力發育差異。因此，全國統一規定男女兒童入學年齡違反教育規律。"吳教授的觀點在微博上引起爭論，很多人反對的原因是在操作上很難實行。

　　我們已經知道，在嬰幼兒小學階段，男孩在生理發展和心理發展上都是落後於女孩的，這得到了許多研究的證實。但我們的學校教育，卻以相同的教學內容、相同的評價標準來對待所有男孩和女孩。另外，由於幼兒園小學化、小學中學化在不斷加劇，男孩的落後更進一步凸顯出來。如果我們對男孩的這種暫時落後認識不夠 —— 把這種落後看作為能力不足或者努力不夠，如果我們處置不當 —— 把落後男孩歸入笨孩子、差生或失敗者的行列，給男孩扣上學業失敗的帽子，那麼男孩就會在學業起點上敗下陣來，並極有可能影響他的一生。

　　鑒於男孩發育落後的事實，晚入學一年對男孩來說也許更有利。澳大利亞學者史蒂夫·比達爾夫建議：男孩應該比女孩晚一年入學，讓男孩支配精細動作的運動神經和認知技能有更充足的時間發育，人為縮小男孩和女孩的發育差距，使男孩跟女孩站在同一起跑線上。心理學家里奧納多·薩克斯也認為："推遲入學，反而能夠領先。"

　　在美國，有一些小學正在嘗試這一做法，而且效果不錯。在美國紐約曼哈頓一所高級私立小學，所有男孩都晚入學一年，校長達娜·哈德說：

"讓男孩晚入學一年如今已成為一種趨勢了。" 曼哈頓另外一所小學的校長貝特西·紐厄爾認為："晚入學一年是送給男孩的最好禮物。"

我們的學校一定要認識到，"早"並一定好，如果把教育比作為一場人生競賽，那麼教育不是短跑，而是長跑，誰笑得最後，誰笑得最甜。學校和父母們可以認真權衡一下：與其讓男孩過早入學而遭受失敗打擊，還不如晚一點入學，讓男孩準備得更充分一些。

讓男孩晚入學一點，學校需要勇氣，學校要說服男孩的父母有相當大的難度，因為今天不少父母在孩子教育問題上所持的觀點是 —— 儘早入學，贏在起跑線上。

在入學之前，學校和家庭可以對男孩作一個簡單的判斷，了解他的動作發展、語言和智力發展狀況，最終做出是否暫緩入學的建議。

是否晚一年入學，並非一概而論，這樣做比按曆法年齡入學複雜得多，這也需要我們不斷的嘗試與探索。

第三章

政府能做什麼？

　　父母能拯救的是一個家庭裏的男孩，學校能拯救的是一個學校裏的男孩，只能政府有能力從全局上遏制男孩危機的進一步加劇，從根本上解決男孩的危機問題。

　　在採取行動前，有一點必須明確：拯救男孩並不會危及到女孩的權益。澳大利亞政府的研究報告指出[1]：提升男孩的成就並不會危及女孩在過去幾十年裏所取得的成就，兩者並非此消彼長的關係。

　　我們還要認識到：男孩和女孩所面臨的主要問題是不一樣的，拯救

---

① 周晟，澳大利亞中小學的男孩教育，外國中小學教育，2007 年第 9 期。

男孩並不會危及到女孩的平等受教育權。在保證女孩、特別是偏遠農村地區女童享受平等的受教育權的同時，我們必須關注男孩在各方面的危機表現，特別是男孩的學業危機。政府必須兩條腿走路，把解決女孩受教育平等權與男孩危機等同視之，不可偏廢，更不能顧此失彼。

2016 年 5 月 6 日，教育部發佈了《關於強化學校體育促進學生身心健康全面發展的意見》，明確規定："對學生體質健康水平持續三年下降的地區和學校，在教育工作評估中實行 '一票否決'。"

教育部正在正視中國學生體質健康不容樂觀的現狀，看到了學校體育的不足，正如教育部體育衛生與藝術教育司司長王登峰在新聞發佈會上所言："總體上看，學校體育仍是整個教育事業相對薄弱的環節，對學校體育重要性認識不足、體育課和課外活動時間不能保證、體育教師短缺、場地設施缺乏等問題依然突出，學校體育評價機制亟待建立，社會力量支持學校體育不夠，學生體質健康水平仍是學生素質的明顯短板。"

王登峰還強調："通過組織體育競賽培養孩子健全人格。"王登峰說，因為體育競賽的過程，可以很好地培養學生們的團隊合作意識、規則意識，並磨練學生的意志品質。

這個文件的出臺，讓我們看到了新的希望。因為正視並改善中國男孩的體質危機，正是我們一直呼籲的，也是本書所一直強調的。

↳ 一、他國之經驗

他山之玉，可以攻石，某些國家拯救男孩的舉措與經驗，非常值得我們借鑒。

首先，政府相關部門要重視男孩危機的現象，深刻認識男孩危機所帶來的諸多危害，提升男孩危機的問題層次。

1996 年，英國皇家首席督學明確表示："男生的學業失敗是英國整個教育系統所面臨的最令人傷腦筋的問題之一。"而且男生學業成績的危機問題還被帶到了英國下議院討論[1]。英國政府開展了"回歸基礎"行動，目的是幫助男孩趕上女孩。英國還在試驗在男女同校的公共學校中開設男生班。

在美國，政府開展了"拯救男孩"計劃來了解男孩危機的表現，並尋求解決之道。

其次，政府要採取有力行動來研究男孩危機問題及其解決方案。澳大利亞政府針對男孩教育採取了系列行動[2]：

1. 開展專門調查

2002 年，澳大利亞聯邦議會下設的教育與培訓常委會對學校中男孩的教育狀況進行了專門調查，並發佈了一份名為《男孩：正確地成長》的報告。該報告得出的結論認為：大量男孩在學業成就和更為廣泛的社會指標中的表現都不盡如人意。

---

① 龐超，英國中小學男生學業成績相對落後問題透析，外國中小學教育，2007 年第 10 期。
② 周晟，澳大利亞中小學的男孩教育，外國中小學教育，2007 年第 9 期。

2. 實施"男孩教育示範學校"項目

聯邦政府撥出 350 萬澳元用於支持男孩教育示範學校計劃，通過校本途徑開發提升男孩學習成績的相關策略，並對其有效性進行測試。

3. 開展"為男孩爭取成功"行動

2005 年，聯邦教育部聯合詹姆士·庫克大學和課程研究中心，針對義務教育階段的教師，開發並試驗了關於男孩教育的專業學習材料。2006 至 2007 年間，政府計劃投入資金 1,940 萬元，為 1,600 所學校提供一萬元的資助，實施一項全國性的"為男孩爭取成功"行動，推動教師對男孩教育的專業學習並促進他們在這方面的日常實踐，以幫助全澳大利亞的學校提高男孩的學習成績和對學習投入程度。

4. 資助相關研究並舉辦會議

聯邦政府發起了對於男孩相關的重要教育領域的研究，包括教學法、課程和評價等。2003-2004 年間，聯邦政府為與男孩教育問題相關的研究提供了 50 萬澳元的資助，使其相關的行動計劃建立在一個堅實的研究基礎之上。聯邦政府教育、科學與培訓部在 2002 年發佈了兩份重要報告：《滿足男孩的教育需求：學校與教師的策略》和《男孩、讀寫與教育：擴大實踐的項目》。

聯邦政府還與紐卡斯爾大學合作，舉辦以"與男孩同努力，培養好男人"為主題的男孩教育雙年會，到 2005 年為止已經舉辦了四屆。

除此之外，為配合上述行動，澳大利亞教育部門還採取了一些相關措施，如推行"21 世紀的教師 —— 教師質量計劃"（QTP），旨在更新和發展教師的技能和對優先領域的理解，並提高教學的地位；關注中小學教師性別比例失衡問題，並提出增加男性教師的比例；推行提高學生成績戰略支持計劃，旨在幫助教育當局和學校提高在教育上處於不利

（特別是在讀寫和算術方面）的學生的學習成績等。這些相關措施也為提高男孩的在校表現提供了有利條件。

二、增聘男教師

2011 年，在四川省十一屆人大四次會議上，李翔、史江、冉崇蘭三名人大代表聯名提交了《關於在幼兒及小學教育中加強男孩“陽剛教育”的建議》[1]。三位代表認為，正是因為缺乏“陽剛教育”，特別是幼兒園、小學的老師 70%-80% 都是女性，對孩子的評價也帶有女性獨特的視角和思維方式，培養孩子更易具有“陰柔”特點，如聽話的乖孩子更被青睞等。三名人大代表建議：首先應增加幼兒園、小學男教師比例，理想比例為：幼兒園為五分之一，小學為三分之一，有關部門應在制度和政策設計上適當傾斜。

我們贊同這三個人大代表的意見，因為性別不同，教師的教學方式也會有差異，這將影響到男孩女孩的學業成績。比如：在科技課上，老師要求學生設計一艘船。男生可能會設計一艘裝有槍管和煙囪的簡單船隻，而女生則可能精細地把船裝飾一番，配置廚房和臥室等。如果是男老師，他更有可能喜歡男生直截了當、毫不含糊的表達方式；如果是女老師，她更有可能喜歡女性的溫柔與細膩。因此，同樣的問題，結果會因教師性別的

---

① 男孩缺乏陽剛氣咋辦？增加幼兒園男教師比例！ http://www.cdwb.com.cn/html/2011-01/22/content_1173115.htm。

差異而相差巨大。因此，改變中小學女教師佔絕大多數的狀況，切實提高男教師的比例不失為拯救男孩的重要舉措。

2004 年 3 月 10 日，在接受澳大利亞廣播公司的採訪時，澳大利亞總理約翰・霍華德公開表示，由他領導的聯邦政府將致力於解決學校中男教師短缺並在不斷惡化的這一事實和趨勢，維持中小學學校教育中的教師性別之平衡，幫助全澳大利亞的所有男孩提高學習成績與改進個人表現。

在提高男教師比例上，許多國家，特別是發達國家，都在不斷努力。澳大利亞昆士蘭州的教育與藝術部推出了師資多樣性與平等項目"男教師 2002-2005 年戰略"，旨在吸引、僱傭、保留與提升高質量的男教師隊伍，以幫助提升男孩的學業表現。

美國全國教育協會在 2003 年會上通過了一項鼓勵更多男性從教的決議，並把招募更多的小學男教師作為工作的重中之重。該協會的發言人金・安德森表示，如果美國的小學有更多男教師，也許男孩長大後在選擇職業時，會把從教作為一個現實的考慮。

鑒於男教師對男孩成長和教育的獨特作用，我們的政府也有必要切實採取措施，提高中小學男教師的比例。

第一，在輿論引導上，要提高教師的地位。要營造有利於男性進入中小學教師行業的良好的社會氛圍，要讓全社會認識到男教師在我們的教育體系中所發揮的獨特價值和作用。通過輿論宣傳，讓越來越多的優秀男大學生認同中小學教師職業，並願意獻身於中小學教育事業。

第二，各地中小學招聘、選拔教師，以及師範院校錄取學生時，要注意保持適當的男性比例。如上海師範大學幾年前就規定"師範各專業錄取男生一般不低於招生計劃的 40%"，並對男生適當"降低門檻"。

第三，切實提高中小學教師的待遇。提高教師收入有助於提升男教師在中小學的比重。美國學者的研究指出[1]，在美國教師收入較高的州，其男教師所佔比例也較高。比如，密歇根州教師的收入排在全美前五位，該地區男教師所佔的比例最高，達 37.4%；密西西比州教師的收入排在全美倒數第二位，該地區男教師的比例也在最低之列，只佔 17.4%。

　　為了提高中小學男教師的比例，一些地方政府已有所嘗試。上海市政府計劃在 “十一五” 期間將小學男教師的比例提高到 20%。北京市政府更是雄心勃勃，2005 年，北京市東城區教委啟動 “陽剛計劃”，將通過各種優惠政策提高該區中小學、特別是小學男性教師的比重，將男教師比例由目前的 13% 提高到 50%。

　　但是，目前，我們做得還遠遠不夠，一些地方政府的措施尚在嘗試和摸索階段。政府需要更有勇氣和實效的舉措來切實提高中小學男教師的比例。

↳ 三、通過法律和政策讓父親擔起責任

　　父親在男孩的成長中發揮着獨特的價值的作用，這一點我們已經很清楚了。要拯救男孩，就要讓父親切實擔負起養育男孩的責任，這已成為共識。

　　立法機關可以學習和借鑒瑞典、挪威等國的立法經驗。瑞典自 1995 年 1 月開始實施《父親法》，規定父親在嬰兒出生後，必須請一個月的假，以

---

[1] 胡樂樂，男教師：全球告急，上海教育，2006 年第 1 期。

便父親能在家中與妻子一起照顧嬰兒，若父親不履行這一義務，他將不能享受政府所給予的一個月的薪水津貼。從 1980 年起，瑞典還規定，凡有 12 歲以下兒童的父母，每年可請假 60 天照看孩子，並享受臨時父母津貼。挪威也通過了《父親法》，強調父親必須請假一個月來照顧新生嬰兒。

社會觀念的改變需要政府的強力倡導，政府可以通過制定相關政策措施，給予資金支持等，努力把父教觀念推廣到各行各業中去。美國政府的做法就值得借鑒。在 1924 年，美國第 30 屆總統卡爾文・柯立芝提議把父親節規定為全國性的節日，以促進父親與子女的關係更加密切，同時提醒已為人父的男人們牢記自己做父親的責任。美國政府在 1987 年針對兒童的全國性會議中就特別強調了父教的重要性，並建議改變那些不利於使父親對孩子負責任的政策。1995 年，克林頓總統發佈備忘錄，規定所有執行部門或機構要在他們的方案、政策以及研究中要包括針對父親的部分。2006-2010 年，美國政府計劃每年要分配 1.5 億美元來支持婚姻和父親項目，其中 5,000 萬美元作為推進責任型父親項目的支持金預留下來[1]。

針對父親教養信心不足、能力欠缺的問題，應加強對父親的指導與培訓，以提升父教能力。

在 20 世紀二三十年代，魯迅就提出了 "我們現在應當怎樣做父親" 的問題，主張創辦 "父範學堂"，探索父教的教育理念和獨特藝術。在美國，自 1985 年建立起 "全國父親網絡"，現在逐漸發展成 "父親支持計劃"。加拿大也在實施這個計劃，以形成全國性的父教支持網絡。此外還應該支持開展一些針對父親的具體教育項目，以幫助和指導父親如何與嬰兒建立聯繫，成為一個有能力的好爸爸。在日本，有專門的研究機構 "兒童發展

① 張亮，徐安琪，父親參與研究：態度、貢獻與效用，上海社會科學出版社，2008 年。

與父親作用研究會"，由日本財團法人"家庭教育研究所"中的有志者，再加上一些年輕的研究員組建而成。該機構在研究基礎上，提出了縮短父親工作時間的建議。

測驗：學校是男孩友好型學校嗎？

下面是 10 個有關您的兒子所在學校的描述，請您在題目後的選項內劃勾。

1. 老師更喜歡安靜、不吵鬧的孩子。

　　是（　　　）　　　否（　　　）

2. 在班幹部和三好學生中，女孩佔絕大多數。

　　是（　　　）　　　否（　　　）

3. 學校過多的限制男孩的活動，男孩的活動時間太少了。

　　是（　　　）　　　否（　　　）

4. 學校沒有把體育課放在一個重要位置上。

　　是（　　　）　　　否（　　　）

5. 學校沒有認識到男孩與女孩在許多方面存在差異。

　　是（　　　）　　　否（　　　）

6. 學校在教學時幾乎沒有考慮到男孩女孩的不同。

　　是（　　　）　　　否（　　　）

7. 上課時，孩子很少有動手的機會。

　　是（　　　）　　　否（　　　）

8. 學校幾乎從不組織戶外活動。

　　是（　　　）　　　否（　　　）

9. 學校的教學幾乎全部是填鴨式教學。

　　是（　　　）　　　否（　　　）

10. 學習差的大多數是男孩，學習好的大多是女孩。

　　是（　　　）　　　否（　　　）

在以上 10 個問題中，如果您有 6 個問題的回答為 "是"，我們就有理由懷疑這個學校對男孩不夠友好，男孩的潛能和優勢將很難得到充分發揮。如果您對以上所有 8 個問題的回答都為 "是"，那麼，在這樣的學校裏，男孩將會處於絕對劣勢，男孩將身陷重重危機。如果您有 6 個以上的回答為 "否"，這個學校可算作是男孩友好型學校。

結語：教育是長跑

如果非要把教育看作是一場賽跑，那麼，教育不是短跑，而是長跑。短跑強調起跑時的初始速度，距離很短，在很短時間內即決出勝負。長跑講求的是實力和耐力，初始速度和起點並不重要，重要的是誰能堅持到最後、笑到最後。

如果我們把教育看作是短跑，由於男孩的暫時落後，許多男孩未賽先輸；如果把教育看作是長跑，即使暫時落後，如果教育得法，男孩仍有機會追趕上女孩。

5

造就新時代的
"男子漢"
——1R4Q

男孩只是男子漢的泥坯和雛形,要成長為男子漢,這需要指引,需要榜樣示範,需要我們的有目的、有計劃的培養。

為了造就真正的新時代的男子漢,拯救男孩的行動需要進一步聚焦。我們認為,要從小培養五個極端重要的男子漢品質 —— 1R4Q:

責任 —— R —— Responsibility

學商 —— LQ —— Learning　Quotient

體商 —— PQ —— Physical　Quotient

情商 —— EQ —— Emotional　Quotient

逆商 —— AQ —— Adversity　Quotient

其中,責任(R)是造就新時代男子漢的基石。責任心基礎不牢,其他品質就成了花拳秀腿、空中樓閣。沒有責任心,其他一切都等於零。

學商、體商、情商和逆商就像四支利箭,直指男孩的四大危機:

學商(LQ)→學業危機;

體商(PQ)→體質危機;

情商(EQ)→心理危機;

逆商(AQ)→社會危機。

1R4Q 構成了一座金光閃閃的金字塔,我們的目標"男子漢"高居塔尖,4Q 像四根擎天大柱支撐起男子漢,而基礎則是責任(R)。

第一章

培養負責任的男孩

↳ 一、男孩，肩負着更大的責任

當危險到來時，人們自然會想到：男人在哪裏？在災難面前，男人承擔更大的責任，他要首先把生的機會讓給婦女和兒童。在戰爭之時，男人更要承擔起保家衛國的責任，這是他們義不容辭的義務。

男性承擔更大的責任和義務，這是他們的生理優勢所決定的，是人類長期進化的結果，是近代文明發展的產物。

有這樣一個故事讓我們特別感動：

1852 年 2 月 26 日凌晨兩點，英國皇家海軍戰艦伯肯黑德號在開普敦附近的海岸外觸礁，艦上有出征的戰士及其家屬。海水迅即湧入了住着幾十個人的臥鋪艙，大部分人還沒來得及反應就溺水身亡了。這時船離岸至少有三英里，而且這一帶海域有大量的大白鯊。

薩蒙德船長被巨大的衝擊波甩到了床下，半身赤裸地跑到了甲板上。與此同時，海軍中校西頓穿着睡袍急忙趕到，腰間佩着劍。西頓中校把所有的軍官召集到身邊，然後告訴他們所有的生還希望就在於他們維持秩序的能力了。他能這麼做是因為男人的本分與軍隊的規矩造就了他。他說：“先生們，敬請大家保持船上男人們的秩序與安靜，並務必讓他們迅速執行薩蒙德船長的命令。”雖然西頓中校從未真正說過“婦女和兒童優先”，但他非常明確現有的救生船誰能先上。妻子們大聲呼叫丈夫，孩子們呼喚父親，除此之外別無他聲。不管是在海軍艦艇或其他船上，這種做法從未有過。此前，當絕望之時，大家都各自逃生。然而，在伯肯黑德號上，海難救護的新時代就此到來了。

為了以防萬一，西頓中校站在通向第一艘救生船的步橋一端，並拔出了劍。他準備好把那些可能的私自上船者趕回去，但無一男人向前邁出一步。他們原地不動站在各自的上級規定站立的地方。有些人穿着睡袍，有些軍裝僅穿了一半，有些赤身裸體，他們奉命前來。他們挺胸、抬頭、往前看，在星雲密佈的南方的天空下，婦女和孩子們紛紛從正在下沉的戰艦上被船接走。

不久，戰艦的後部在礁石上崩裂，開始劇烈地傾斜，但西頓中校仍然要求其官兵們保持次序，讓他們各就各位。儘管甲板震顫着並斜向一邊，他們仍站立着，隊伍毫不紊亂。沒有一個人出列，儘管腳下的甲板在下沉，等待他們的只有海水與鯊魚。軍官們不斷地傳下命令，讓自己的手下務必保持隊列，他們全體照做。當這些士兵登上伯肯黑德號時，他們可能還是初出茅廬的小青年，而此時他們已長成男子漢。他們接下的最後一個任務就是挽救婦女與孩子們的生命，這是他們一定要做到的。

　　當海水向他們四面包圍過來，而與此同時當婦女、兒童、軍中的少年在救生船上望着他們時，官兵們才相互握手道別。結果，那個早晨，共有 430 名男人遇難。薩蒙德船長被轟然倒下的桅杆擊中死亡。人們最後看到的西頓中校是與自己的士兵一起，被海水捲走。然而，所有的婦女、兒童都獲救生還……

　　"讓婦女和兒童先走"的吶喊後來被稱作"伯肯黑德號操練"。自此以後，一個新的時代開始了，"讓婦女和兒童先走"成為國際通行的海上救援法則，並擴展為災難救援的一種通行法則。1912 年，泰坦尼克號在大西洋的沉沒悲劇中，船上共有 2,222 人，在倖存的 705 人中，絕大多數是婦女和兒童。

↳ 二、責任感──男子漢的根基

作為年幼的男性、未來男子漢的雛形，一個男孩，必須從小學會承擔責任，因為在他的身上，必將肩負起家庭、社會的責任，這是無法逃避的。

責任心在男孩的生長過程中，發揮着無比重要的價值。

托爾斯泰：“一個人要是沒有熱情，他將一事無成，而熱情的基點正是責任感。”

美國品德教育聯合會主席麥克唐納曾說：“能力不足，責任可補；責任不夠，能力無法補；能力有限，責任無限。”

前蘇聯著名教育家馬卡連柯根據自己多年的教育實踐明確指出：“培養一種認真的責任心是解決許多問題的教育手段。”

比爾‧蓋茨說：“你可以不偉大，但不可以沒有責任心。”

美國著名的西點軍校的校訓：責任、榮譽、國家，把責任放在第一位。

2008 年 6 月 29 日，在 “十大德行 —— 男性成人標準” 網絡票選活動中，專家顧問團推出了 20 個描述男性成人標準的詞彙 —— 責任、博愛、智慧、樂觀、寬容、時尚、陽光、堅毅、忠誠、幽默、健康、理智、勤奮、孝順、自立、豪爽、謙和、紳士、勇敢和仁厚。結果，“責任” 一詞高居榜首，在二十多萬選票中獲得 148,919 張選票，當仁不讓，無可爭議地當選成為男性成人標準的首個關鍵詞。

美國品格教育的代表人物托馬斯‧里克納教授對責任的重要性進行了理論分析，他認為其他一些價值，如誠實、公平、寬容、謹慎、自律、樂於助人、同情心、合作等等，都是從尊重和責任心這一核心價值引申出來的，責任心是其他品質的生長點。

責任感是做人的基礎。要想男孩成為一個好人，就應當教育他對自己負責，對他人負責，對家庭負責，對社會負責，對國家民族負責，對生活的地球負責。人自身的發展、人與人的交往、人對社會的貢獻，都來自明確的並且認真履行的責任。人的道德自律、遵紀守法也有賴於責任感。

　　責任感是成才的基礎。進取精神、科學態度、創新能力是優秀人才的可貴的品質，但是離開了責任心，這些都會成為無源之水、無本之木。任何聰明才智，只有建立在強烈的責任心的基礎上，才可能迸發出耀眼的火花，否則只能徒具其表。

　　對於男孩，責任感意味着將來：

　　對自己負責的男孩，將來是有出息的男孩；

　　對家庭負責的男孩，將來是有愛心的男孩；

　　對社會負責的男孩，將來是有作為的男孩。

　　一個男孩，如果沒有強烈的責任意識，他就不可能成長為真正的男子漢，他將來也難當大任。

↳ 三、如何培養男孩的責任感？

　　沒有一個人生來就有很強的責任感。責任感是從小培養起來的。培養男孩的責任感，應該從三個方面着手，這就是對自己負責、對家庭負責、對社會負責。

（一）對自己負責

　　責任感的培養有一個起點，那就是先要為自己的行為承擔責任。修身齊家治國平天下，修身是一切成功的基礎，連自己都管理不好的人，無法承擔更大的責任。要想成為一個有責任感的男子漢，首先要讓男孩學會對自己的行為承擔負責。

讓孩子對自己負責

　　1922 年 7 月 4 日，美國國慶日前夕，一個 11 歲的美國男孩搞到了一些禁放的煙火爆竹，其中包括一種威力巨大的鞭炮，叫做 "魚雷"。一天下午，他走到一座橋邊，在橋邊的磚牆上放了一個 "魚雷" 大鞭炮。一聲巨響，讓男孩神采飛揚，可就在這時，警察來了，把男孩帶走，去了警察局。

　　儘管警長認識這個男孩以及他的父親，他依然嚴肅地執行對煙火的禁令，罰款 14.5 美元。對這個 11 歲男孩來說，算是一筆巨款。這個男孩自然交不起，只好由父親代交。

　　讓人感慨的是，這位名叫傑克的父親雖然沒說太多的話，但做出了一個讓許多父母驚訝的決定：讓 11 歲的兒子打工賺錢，還上父親代交的罰金。

　　後來，這個小男孩成了美國的總統 —— 雷根，他在回憶錄中寫道："我做了許多零工活才還清了我欠爸爸的那筆罰金。" 顯然，這件事情讓雷根懂得了甚麼叫責任，那就是一個人要對自己的過失負責。

雷根父親的這種做法在心理學上被稱作為自然後果法，它起源於法國著名思想家盧梭。盧梭主張：讓兒童憑自己的直接經驗去接受教育，體會自己所犯錯誤的自然後果，從而學會如何行為，如何做事。

日常生活中有許多讓孩子接受"自然後果"教育的機會，比如當孩子早上鬧鈴響了睡過頭遲到時，當孩子忘帶學習用品時……這個時候，父母不要把責任包攬到自己身上，而要讓孩子承擔錯誤行為所帶來的後果，這是培養孩子自我負責的好機會。

"逼"男孩對自己負責

現在流行一個詞，叫"啃老族"，指已成年的孩子不願意外出賺錢養活自己，而仍然依靠父母去生活。

有一次遇到一位年邁的諮詢家教之道的媽媽，她的兒子已經二十多歲了，大學畢業曾找到過工作，但嫌工作辛苦賺錢又少不願意幹，最後呆在家裏，整日無所事事，上網聊天打遊戲……每日三餐父母端到跟前。父母曾請求過孩子出去找工作，但每次都失敗了。最後，兒子就成為徹底的"啃老族"了。我給這位媽媽提出建議：逼他出去找工作，但這位媽媽又表示不忍心。父母不忍心，神仙也幫不了她。

如果男孩已經依賴成性、不願對自己負責，那麼父母需要採取堅決的做法。"逼才是愛"，這是大愛。父母要勇於要求孩子承擔自己的責任。看看下面這位"絕情"父親如何逼兒子獨立。

兒子郝丁，在父親眼裏依賴成性、不自立、不勤奮，中專畢業後耗在家裏指望父母幫忙找工作。

父親，郝麥收，在兒子找工作的關鍵時刻，讓兒子第二次"斷奶"，狠下心來，逼兒子簽訂了一個雙向獨立協議，讓兒子為自己的生活、為自己的將來負責：

郝丁（兒子）承擔的責任：

自力承擔受高等教育的費用；

自力謀生，自己創業；

自力結婚成家；

自己培養子女。

郝麥收（爸爸）、孫子芬（媽媽）承擔的責任：

養老費和醫療費自我儲蓄；

日常生活和患病生活的自我料理；

精神文化生活的自我豐富；

回歸事宜的自我辦理。

簽約議人：父代：郝麥收 孫子芬

子代：郝丁

簽協議時間：1996 年 9 月 18 日

簽訂協議後，父親認真履行協議，堅持三點：一不幫忙找工作，二不給錢，三不替他做決定。兒子最終沒有了依靠和指望，在家裏熬了幾個月熬不下去時，開始外出找工作，先後做過打字員、文員，賣過包子、醬牛肉，開過小店，當過"掃街"的廣告員，做過一年沒有工資報酬的"廠長助理"。在經歷了一系列挫折以後，兒子終於找到了自信，發現了自己的特長，最終成為一名成功的廣告人。最後，兒子也理解了父親的一片良苦用心，雖然協議上約定兒子不用承擔父母的贍養義務，但兒子已明確表示他會"違反"協議，當父母真的不能自理那天，他會盡自己的贍養義務。

中國某慈善家公開表示：30 億家產一個子兒也不留給兒子。他常說的一句話是："兒子強於我，留錢做什麼？兒子弱於我，留錢做什麼？

我們相信，這些父母其實都有一句話沒有說出來──他們不想讓後代坐享其成，而要讓他們對自己的人生負責。著名教育家陶行知早就說過："流自己的汗，吃自己的飯，自己的事情自己幹，靠天靠地靠祖宗，不算是好漢！"

（二）對家庭負責

每一位男孩身上都寄託着家庭對他的無限期望，要成長為一個真正的男子漢，男孩要學會對家庭負責、對生養他的父母負責。愛心應該是雙向的，父母應該讓男孩知道他對家庭、對父母還負有責任。

湯敏是亞洲開發銀行駐中國代表處副代表兼首席經濟學家，他把自己與經濟學的緣分歸結為小時候母親讓他做 "管家" 的經歷[1]：

為了培養我，一天，母親決定讓我來掌管家裏的 "財政大權"。看着擺在桌上母親剛發下來的工資，我情不自禁地說："我成大富翁了。"

母親笑呵呵地說："你不是大富翁，你是大管家，這些錢都由你做主了，以後家裏的開支也由你來計劃了。"

我拍着胸脯說："以後大家的生活都包在我身上吧，我會讓大家吃好喝好的。"

母親樂了："你自己計劃怎麼花錢就怎麼花吧，別讓大家跟着你喝

---

① 王輝耀，獻給母親的禮物，人民出版社，2008 年。

西北風就行了。

　　既然成為管家，我就開始悉心管理家裏的財政。當時（文革時期）也無學可上，年輕人精力充沛，總得找點事幹幹。我就跟好幾個同學約在一起，天沒亮就出發去菜市場排隊買肉、買豆腐……我們幾個同學聯合起來一起組成了一個小小的買方辛迪加（行業壟斷組織），集體議價，在市場上偶然也能呼點風喚點雨。

　　……

　　可以說，我的第一堂市場經濟課、會計課及應用數學課就是在菜市場裏上的。

　　……

　　那是我接觸經濟學的開始，也是母親的信任和支持給了我這樣一個機會。給孩子一點權力 ── 管理財政，其實是培養孩子的一個很好途徑，可以讓孩子學會理財，也更加了解生活的不易。

　　對家庭負責的意願和能力，是從小培養起來的。放手讓孩子承擔一定的家庭責任，這極有可能為孩子將來的發展打下一生的基礎。父母包辦代替，其實是剝奪了男孩為家庭承擔責任的機會，不利於男子漢氣概的獲得。為了讓男孩堅強起來，父母有時要心"狠"一點，讓男孩在承擔責任中磨練自己、成長自己。

（三）對社會負責

　　每一位男孩除了肩負家庭的期望之外，他更屬於社會。一個真正想有作為的人，必須具有強烈的社會責任感。古今中外，無數仁人志士，正是在強烈的社會責任感的驅使下，為國家、為民族、為人類而奮鬥不止。宋朝的范仲淹，用"先天下之憂而憂，後天下之樂而樂"來表達自己的社會責任感。人民愛戴的周恩來總理，在南開中學讀書時就立下"為中華之崛起而讀書"的志向。一個人的社會責任感，就是他的志向，就是他克服困難的勇氣與韌性，就是他生生不息、奮鬥不止的動力之源。

在北美，大學錄取新生，一個非常重要的指標就是"志願者服務時間"。加拿大規定：高中生在校期間要完成 40 小時的社區服務（義工），否則不准畢業。這種做法的背後是這樣一種認識：一個孩子是否關心他人的命運，是否關注社會的需要，是這個孩子今後能有多大造詣的前提條件。哈佛大學特別強調社會責任感的培養，把"為增長智慧走進來，為服務社會走出去"作為自己的校訓。

《中學生天地》曾刊載了一個加拿大男孩的真實故事，題為《改變世界不必等我長大》[1]。

1995 年，12 歲的加拿大男孩柯伯格在一次演講時說出了讓全世界驚歎的話："改變世界，不必等我長大。"他不僅是這樣說的，也是這樣做的。

1995 年，一個只有 12 歲的孩子，因為看了報紙上一則關於巴基斯坦一名 12 歲的孩子由於進行反童工的宣傳活動而被謀殺的新聞，從此踏上了反對童工之路。柯伯格從第二天開始活動，不久後和十多個同齡孩子建立解放兒童組織，提出"孩子幫助孩子"的口號。十一年來，他和他的組織走遍世界各地，為保護兒童奔走呼號。如今，這個機構已經

---

[1] 邱瑞賢等，改變世界不必等我長大，中學生天地，2007 年第 1 期。

成為世界上最大的由青少年管理和領導的慈善機構，吸引了全球 45 個國家一百多萬名青少年參與，並在拉美、非洲、亞洲的 35 個發展中國家建立了 450 所學校，其中，中國 15 所。

特別要說的是，12 歲那年，籌集到第一筆款項後，柯伯格計劃到南亞地區考察童工問題，自然遭到母親的反對。為了說服母親，他用了八個月實現了母親提出的兩個條件：自己籌集了經費與找了一位可靠的人陪同。他們考察了巴基斯坦、印度、尼泊爾、泰國，決定將第一所學校建在印度。

2006 年，23 歲的柯伯格，獲得了羅斯福自由勳章、加拿大總督功勳獎、"世界兒童獎"（全世界兒童最高獎），被聯合國評為 "未來 20 個全球領袖" 之一，擔任聯合國兒童大使。有意思的是，他在加拿大民意調查中還被認為是未來最有希望當選總理的人。

不難看出，正是這份強烈的責任感，正是在承擔責任的過程中，柯伯格更快的成長起來了。同樣，在 2008 年北京奧運會上，以 "80 後" 和 "90 後" 為代表的中國大學生志願者通過志願服務，改變了社會對他們 "嬌生慣養"、"缺乏責任心" 的看法。這群熱情敬業、吃苦耐勞、懂外語、有技能的青年人被海內外媒體稱為 "鳥巢一代"。不管是志願者本人，還是專家學者，許多人都認為志願服務讓大學生變得更有責任心了，成長得更為健康了。

責任使人成長，責任使人超越。責任就像不可缺少的鈣，沒有社會責任的男孩永遠難以擔當大任。

第二章

提高男孩學商（LQ）

　　學業危機是男孩的第一危機。很多男孩由於學業表現不佳，而被父母和老師有意無意地放棄，這對他們的心理發展和未來生活均造成了嚴重傷害。因此，拯救男孩必須盡力幫助他們提高學業表現，要讓他們對自己的學習能力充滿信心。

　　學商（Learning Quotient）是一個人學習能力和學業自信心的總稱，它與智商有很大的不同，智商受先天的遺傳影響比較大，而學商主要取決於孩子出生後所受的教育。

↳ 一、寬容男孩的 "暫時落後"

我們要寬容男孩學業的 "暫時落後"，不放棄對男孩的希望。只要男孩不喪失信心，他的學業落後就只是暫時的。

寬容，表示父母對男孩有信心，父母還要把這種信心通過各種途徑傳遞給男孩，讓男孩產生改變的願望。一旦男孩的生理成熟和心理成熟追趕上女孩，男孩就可以有機會在學業上與女孩並駕齊驅。

如果我們忽視、無視或漠視男孩生理和心理發育落後的事實，用同樣的標準對待男孩，就會把 "暫時落後" 的男孩看成差孩子、笨孩子、壞孩子，男孩就很容易在學業起點上喪失對學業的信心，從此一蹶不振。這樣的男孩，當他將來有機會追趕上女孩時，他早已喪失了追趕的信心與勇氣，甚至已經過早地離開了校園，再也沒有機會摘下學業落後的帽子。

↳ 二、幫助男孩的弱項

男孩在語言類課程上處於弱勢，尤其是閱讀，這需要引起高度關注。我們可以把提高孩子的閱讀興趣作為起點，幫助男孩提高在語言類科目上的成績。

性別教育專家古里安認為：男孩通常只喜歡讀他們感興趣的、與他們的荷爾蒙、神經和心理特點相適應的讀物。男孩會抵觸、拒絕那些令他感到厭煩、不合他們口味的讀物。下面這樣的閱讀類型也許會讓男孩感興趣：

充滿空間 —— 運動知覺活動的，無論是恐怖電影、懸疑小說、科幻小說，還是體育傳記；

技術或機械類，如使用手冊或商務用書；

圖解或視覺類，如漫畫書和報紙中的漫畫頁。

在一篇題為《男孩和書籍能夠成為黃金搭檔》的文章裏面也有一些好的建議，不妨一試[1]：

- 一般來說，男孩比女孩需要更多的動作情節，而女孩更喜歡性格發展。
- 男孩們喜歡他們的主角能做出些什麼事情。如果書中的情節變得不夠快，許多男孩就會停止閱讀。男孩需要事實和緊張的情節。
- 蛇、蜘蛛和飛機對他們也很有吸引力。
- 男孩不喜歡閱讀他們稱之為 "哭哭啼啼" 的文字，他們更喜歡體育和冒險故事。
- 男孩傾向於喜歡非虛構作品 —— 關於跑車、不明飛行物、溜溜球、魔法的書、神秘故事和科幻小說等。
- 使閱讀成為家庭生活規律的一部分，讓你的兒子看見你在讀書。

---

① 杜布森，培育男孩，中國社會科學院出版社，2007 年。

- 把書作為禮物贈送。比如,當你送給兒子足球時,附贈一本關於體育方面的書。
- 承認閱讀非小說類作品或紀實類文章等 —— 例如體育版 —— 與閱讀小說一樣是正當的。
- 男孩看到合乎他們興趣的書會搶着去記的,但也必須考慮閱讀水平……
- 帶你的兒子上書店或圖書館,讓他自己去選擇書籍……
- 決不只給他一本書,試着給他五六本書。如果他不喜歡第一本或第二本,他還有更大的選擇範圍。

……

通過不斷的閱讀嘗試,我們會逐漸發現男孩的閱讀興趣所在。以興趣為起點,提升男孩的閱讀能力,然後再慢慢擴展到男孩的學業課程上來。

三、創造適合男孩的學習環境

男孩在生理和心理上與女孩不同,男孩的學習環境要求跟女孩存在不同。男孩表現出更高的活動性水平,活動往往是男孩擅長的學習方式,男孩的大腦更習慣於空間類、機械類的活動,因此男孩需要更大的活動空間。常男孩被長時間局限在狹窄的空間(如教室或座位上)時,往往會表現得坐立不安，往往更容易違反課堂紀律。國外曾有幼兒園接受了專家建議，在拓展了男孩的活動空間以後，男孩的違紀行為減少了。

在空間運用上，男孩表現出不同於女孩的特點，性別教育專家古里安認為[1]：

男孩和女孩在桌子的使用方式上不同，男孩需要比女孩更大的桌子空間。男性的空間大腦一般喜歡把東西鋪開，這是男性大腦最常見的學習方式之一。他喜歡把東西展開，或拆開，然後再重新組合或重建。

除了空間以外，古里安還認為男孩需要充足的照明：

男性和女性大腦對光的體驗也不相同。儘管所有孩子都能從充足的光線中受益，但是男孩在明亮的光線下視力更好，因而他們能夠從光線充足的工作、讀書、遊戲和學習環境中受益。光線真的能夠造成男孩在學業和情感方面的差異。昏暗的光線可能影響大腦中的 5- 羥色胺水平，進而導致學習困難。男孩在這種環境下常更有可能 "做小動作" 從而導致違紀行為。

賓西法尼亞大學神經映像研究室的魯本‧古爾在男性和女性大腦中觀察到了某些有趣的 "光" 科學。因為男性大腦擁有的腦白質比女性大腦多，而男性大腦中的腦白質能夠更加迅速地將來自於眼睛和視覺神經的素材運送到視覺皮層，所以男性對視覺和光線有很強的依賴性。事實上，視覺是男性感知和獲取資訊最為發達的方式……

---

① 邁克爾‧古里安，男孩腦子裏想什麼，世界圖書出版公司，2006 年。

　　鑒於此，學校應盡可能給男孩創造較大的活動空間。如果室內空間有限，那麼可以增加更多的戶外學習和活動的時間。在家裏，父母也要通過合理的空間利用，儘量創造一個更大的學習和活動空間。當孩子學習時，保證有充足的光線照明。

↳ 四、謹慎對待多動症

　　男孩更容易被診斷為多動症，有數據顯示男孩和女孩患多動症的比例是 7：1。經驗也告訴我們，男孩也比女孩好動，男孩更容易因多動而違反紀律，所以父母和教師往往把男孩的“多動”跟“多動症”聯繫在一起，建議一些上課經常違反紀律的好動男孩去醫院作多動症的鑒定，而這些男孩極有可能被鑒定機構（出於經濟利益）鑒定為多動症。這裏面，有很多誤讀的成分，把男孩的“多動”誤解為多動症，是一種不負責任的做法。為了推卸責任而把那些經常違反紀律的孩子鑒定為多動症的做法，更是道德的淪喪。

　　什麼是多動症呢？多動症實際上是兒童多動綜合症的簡稱。雖然它被稱作為多動症，但其本質上屬於一種注意障礙。1980 年美國精神病學會在《精神障礙和統計手冊》（第三版）中，將多動症確定為“注意缺陷障礙”，而多動只是其中的一項行為表現，它最容易被觀察到，但它絕不是最主要的表現。多動症表現有三大特徵：注意力渙散、活動過多、情緒衝動，其中，注意力渙散是其核心特質。我們一定要記住：不能根據“多動”一個特徵就判定一個孩子是否患多動症。比如一個男孩活潑好動，上課經常違反紀律，但他在做自己感興趣的事情時，可以長時間的保持注意力，這就不是多動症，只不過是對學習沒有興趣而已。

父母和教師一定要謹慎，千萬不要輕易把男孩的多動誤讀為多動症，更不能把男孩這種愛動的天性解讀為一種學習障礙，輕易給好動的男孩貼上多動症的標籤是一個極不負責任的做法。

如果一個男孩確實因學業表現不佳、多動、注意力渙散而被診斷為多動症，那麼在治療時也一定要謹慎，盡量避免使用藥物治療。哈佛大學醫學院教授威廉·卡爾松等人的研究顯示[1]，服用了治療多動症的興奮類藥物的小動物長大後往往缺乏主動性。這些動物看起來是正常的，卻表現得很懶惰，不願努力做任何事情，甚至會選擇性地逃避困難環境。而且，治療多動症的藥物有長期負作用，當服用藥物時，孩子的表現可能正常一些，但當他們成年、不再服藥時，他們就會變得缺乏主動性、活力與抱負。眾多研究證實，治療多動症的興奮類藥物對大腦當中一個叫伏核的部分有永久性損害，從而損害到個體的積極性。

父母應盡量選擇非藥物的方式來幫助多動症男孩，如遊戲治療等等。在這方面有許多成功的案例，在 2008 年北京奧運會上創造一個又一個奇跡，最終斬獲八枚金牌，打破七項世界紀錄的菲爾普斯，小時候就被診斷為多動症。在游泳的幫助下，菲爾普斯停掉了藥物 —— 利他林，成功戰勝了多動症。

---

① 里奧納多·薩克斯，家有男孩怎麼養？，中國青年出版社，2009 年。

第三章
運動提升男孩體商
（PQ）

　　19世紀末，西方世界一度籠罩着"男性危機"的陰影。這一危機感促使法國的皮埃爾·德·顧拜旦發起了現代奧林匹克運動。在美國，它催生了一種崇尚力量的新式運動——美式足球，騎兵團出身的西奧多·羅斯福被奉為英雄。

　　運動是男孩成長中非常重要的一環，能有效地鍛煉體質，培養諸多品格。

↳ 一、運動塑造男子漢

體質商數，Physical Quotient（PQ），簡稱為體商，指男孩身體的健康與強壯程度。運動能提升男孩的體商，並能拯救男孩的體質危機。

（一）運動是男孩的天性

男孩與運動之間存在密不可分的關係，運動是男孩的天性。男孩體內的雄性激素使男孩需要更多的運動，雄性激素也使男孩具有更高水平的運動能力。

人類的長期進化使男孩更喜歡運動，也需要更多的運動。在人類長期的進化過程中，男性承擔的主要工作是狩獵，女性承擔的主要工作是採摘，男性主要從事大運動量的戶外活動，而女性往往承擔運動量較小的戶內活動。長期的進化、優勝劣汰的進化法則使男性具有更強的運動能力。只有擁有出色的運動能力，才能勝任男性角色，才能在嚴酷的自然法則下生存下來。

長期的進化使男性的身體構造更適合於運動。與女孩相比，青春期以後，男孩肌肉所佔比重遠遠超過女孩，男孩更加高大，更加健壯，這都是為運動所作的準備。研究還表明，男孩大腦含有更多的水分，這也是為運動而準備的，因為水分可以緩解運動撞擊的衝力，減緩運動對大腦的傷害。

因此，運動是男孩的天性，男孩需要更多的運動，這是人類長期進化、優勝劣汰的必然結果。

（二）運動造就男孩雄魂

男孩和女孩最大的區別之一就是男孩體內具有更高水平的雄性激素，正是雄性激素的存在，使男孩更喜歡運動，而運動反過來又促進了雄性激素的分泌，增強了雄性激素的作用，使男孩的運動能力得到這一步增強。可以這樣說，雄性激素和運動，相互作用，共同塑造男性氣概，使一個男孩成長為真正的男子漢。

我國著名的體育運動學專家許豪文教授曾多次撰文論述運動與雄性激素的關係。早在 1986 年，他就特別指出雄性激素中的睾酮對運動能力的重要影響[1]：

在青春發育期前男孩和女孩血漿睾酮濃度區別不大，到了青春發育期開始男孩血漿睾酮濃度迅速因年齡增長而增加，但女性成人血漿睾酮濃度仍保持在女孩水平。這對男女成人的生理和運動能力差別的形成起了相當重要的作用。

……

體內睾酮的分泌量不同是男性成人和女性成人力量大小不同的主要原因，經過訓練雖然可適當改變這種情況，但男女性訓練引起力量增大的機制不完全相同。男性成人可以使肌肉體積顯著增大，而女性成人訓練只能改善力量，不能使肌肉體積顯著增大。

許豪文教授還認為運動訓練又能反過來促進雄性激素的作用：

---

[1] 許豪文，運動與雄性激素，中國運動醫學雜誌，1986 年第 9 期。

　　強烈的力量訓練可以增強肌細胞受體與睪酮的結合力，加上訓練本身又可以刺激使氨基酸易於進入肌細胞，如果這時再給以適量的高蛋白飲食將大為增強力量訓練的效果，使肌肉變得粗壯有力。

　　其他大量研究也都證實了雄性激素與運動能力相互作用、相互促進的關係，這些都反映了雄性激素對男性的重要作用，也說明了運動對男性的重要作用。

　　在男孩成長為男人的過程中，運動發揮了不可或缺的作用。缺乏運動的男孩身上往往缺乏真正的男性氣質。

（三）體育運動：男孩受益良多

體育，關係到一輩子的幸福

　　在接受我（孫雲曉）的採訪時，北京師範大學體育運動學院院長毛振明教授認為，體育是關係到一個人安全幸福生活一輩子的事情：

　　從小養成運動習慣對孩子一生是大有益處的。日本人常講"媽媽的味道"，就是說明習慣是一種潛移默化的東西，是人的行為和心理需求上一種強大的慣性。所謂"媽媽的味道"是指你習慣了的某種口味，已經很難再客觀評價這種味道的好與壞了。比如，我是北京人，愛吃炸醬麵。我也不一定老吃它，但總會想着那種口味。要是真有一天永遠吃不着了，一定會瘋掉的。我在日本時，請日本朋友品嚐，因為我覺得炸醬麵是非常好吃的東西。可是，日本朋友覺得那是一種不可思議的難吃的東西。後來，我意識到，自己已經習慣了炸醬麵的味道，而日本人根本不習慣，他們認為難以下嚥是非常可以理解的。我想，一個人如果從小習慣了運動，他自然能在以後的生活中把它看成一項重要的生活內容。

運動，讓男孩學習更棒

美國加州大學洛杉磯分校的麥凱西博士等人對 1,989 名五、七、九年級學生進行了調查 ，目的是探討體質、體重數據與加州的標準化數學、閱讀與語言測試成績之間的關係。

這項研究發現：

初高中學生在一英里的跑步／步行體質測試中，用時每多出一分鐘，考試成績就會下降一分以上。

將近三分之二（65%）的學生沒有達標。與這些體質未達標的學生相比，體質達標學生的平均成績更高。

與體重正常的學生相比，超重與肥胖學生的考試成績明顯較低。

運動，其實是一種健腦運動，運動有利於提升學習的效率。

運動，讓男孩更強壯

運動，可以讓男孩長得更高，因為它使男孩的身高潛能充分得以發揮。如果一個男孩的遺傳基因決定他能長到 180 厘米，那麼充足的營養供給和足夠適量的運動就可以使這個男孩的身高盡可能接近這個身高極限。運動，特別是體育鍛煉可以使男孩更有力量。因為運動既可以增加肌肉的體積，也可以增加肌肉收縮的力量，運動還可以提高男孩的耐力、反應速度、靈敏性和柔韌性。

---

① 體質好的學生學習成績也較突出，21 世紀，2010 年第 4 期，轉引自 2010 年 2 月 26 日路透新聞網。

運動，健體也健心

除了健體，運動對心理健康具有多方面的重要影響：

運動，使男孩的優勢潛能得以實現。與女孩相比，男孩在空間想像能力方面存在優勢，但這種優勢的發揮有賴於後天的環境，那就是運動，運動對於提高男孩的這種空間想像能力具有積極作用。

運動，能夠緩解男孩的消極情緒，減少心理疾病的發生，而我們知道，男孩的情感更脆弱，男孩的心理疾病發生率更高。

運動，讓男孩更守紀律

通過運動，男孩體內過剩的精力得以發洩。通過運動，男孩天生的攻擊性本能得到釋放和昇華。這樣一來，在教室裏，男孩可以更安靜地聽課，在學校，他會更守紀律。

運動，讓男孩更堅韌

體育運動讓男孩不斷經受體力和意志的考驗。在體育運動中，男孩經常會體驗到痛苦、挫折和失敗，男孩將從中體味到汗水和淚水的滋味。

運動，讓男孩更好的適應集體與社會

毛振明教授認為，運動能促進個體更好的適應集體與社會：

體育是一種熱血運動和激情運動。我還沒有找到一種文化活動能和體育相比，看美術展、聽音樂會是不可能有那樣揮拳吶喊的場面的。這也是奧運會能夠變成人類最大規模集會的原因，它和體育文化的性質是有關的，體育有培養人們社會適應的功能。什麼是人的社會適應呢？我理解首先是指適應自己身邊的集體。我們人的社會適應是很具體的，一個人適應了這個集體，也就會適應另一個集體。社會適應就是集體適應。要適應一個集體，六個要素都做好，一是共同承擔；二是士氣，也叫榮譽感，或者叫集體榮譽感；三是領導核心，要善於規勸和輔佐領導；四是職責分擔，完成自己的職責，哪怕一件小事都認真做好；五是規則，這是集體的共同約定。遵守規則，集體能容納你，不遵守規則，就會遭到集體的排斥；六是共同活動，如果沒有共同的活動，前面所談的就沒有意義了，因為失去了基礎。這些就是一個人的集體性。人通過適應集體去適應社會，對於兒童來說尤其是如此。

這樣看來，體育活動是和集體最相關的。一個人玩不了；一個人不聽話，玩不了；一個人和大家沒有交流與合作，玩不了；一個人不遵守規則，不服從領導玩不了。美術和音樂可以自娛自樂，體育不行。

運動對男孩的身心健康的積極作用是全方位的，運動在打造男子漢氣質方面功不可沒。

↳ 二、運動提高男孩體質

（一）"文明其精神，野蠻其體魄"

　　1994年秋天，我（孫雲曉）路過南京的時候，專程拜訪了著名小學教育家斯霞。84歲高齡的斯霞告訴我"三品"之說，即"智育不好出次品，體育不好出廢品，德育不好出危險品"。

　　我們需要四肢發達、頭腦也要發達的男孩。學業絕不是男孩的全部，我們還要高度重視男孩的體質健康。

　　要想成大事，沒有良好的身體素質萬萬不可。習近平主席出訪時，日程特別繁忙，有時出訪是接連幾個國家，絕對是連軸轉，倒時差的時間是絕對沒有的，一日三餐也成為國事活動的時間，難得清靜。早餐有早餐會，午餐有午餐會，晚餐更是正式，往往是歡迎或道別晚宴，每一個場合都是外交場合，容不得半點馬虎。習主席之所以精力充沛、應對自如，除了聰慧的大腦之外，還有過硬的體質作後盾。習主席自己就這麼說："如果不運動的話我們會崩潰的，在這（面對）那麼高強度（的工作）。"習主席一直保持着良好的運動習慣，除了散步之外，習主席每天游泳一千米。

　　我們讀讀二戰中的許多風雲人物的故事，再讀讀中國近代史上的那些功勳卓越的英雄人物的奇跡，他們大多都身健如鋼。沒有良好的體質作後盾，注定難堪大任。

　　男孩不要學唐朝王勃、東漢賈誼那種文弱之相。男孩要學毛澤東，七十三歲高齡還能暢游長江；男孩要學馬寅初，七十六歲還登上北京西山"鬼見愁"。毛澤東早在近百年前就說過："體者，載知識之車，寓道德之所。無體者則無德智也。”因此，這位偉人呼籲人們要“文明其精神，野蠻其體魄”。

要想男孩真正有所成就，先讓他在運動場上把身體本錢攢足！

（二）把運動看作男孩的天性

運動是男孩的天性，這是雄性激素決定的。男孩就應該多進行體育運動，但在今天這個時代，男孩的運動天性被忽視了，體育鍛煉被冷落了，特別是在中小學越來越沒有地位。

為什麼？原因很簡單，因為體育在考試中無足輕重。無論父母，還是老師，大家更關心那些與考試關係密切的學科，都忙於讓孩子考高分數，體育總被忽略。現在的生活條件越來越好，生活越來越安逸，運動卻越來越少了，更別提什麼野外活動了。

我們要把運動看作為男孩的天性，這一點，我（孫雲曉）的朋友康健和他的兒子康康做了很好的榜樣：

康健是北京大學教授，曾擔任北大附中校長。他的兒子康康出生時，體重只有 5.2 斤，令父母有些失望。於是，康健決定實踐他獨特的健康第一、體育為主的家教方針。

之所以把體育作為頭等大事，康健說：“原因有兩個，一是我的父母是醫務工作者，他們認為健康是一切的基礎，所以給我起名叫康健，反過來就是健康。在父母的薰陶下，我從小就養成了良好的衛生習慣，並熱衷於戶外活動。二是我很早就讀過洛克的《教育漫話》，他在教育中突出的特點是關注人的健康。給我印象最深刻的是，那個時代的人都意識到，無論做什麼工作，最重要的是良好的身體素質。"

從兒子剛會走路到初中畢業的十幾年裏，康健每天都帶兒子進行至少一小時的體育鍛煉，從未間斷。當兒子入學以學習為主要任務後，堅持運動碰到了不少矛盾。可是，康健依然認為，還是體育最重要。他說，提早為孩子在智力上做選擇，也就是學習琴棋書畫等特長並不明智，應讓孩子長大後自己選擇。

康康上小學高年級時，快放寒假了，學校裏有兩個訓練班要活動，一個是專業足球班，另一個是學校奧數班，康康只能選擇一個。康康喜歡數學，也很喜歡足球，但他沒有勇氣到足球班去，因為足球訓練強度很大，而且要住宿。這時父母的態度就很重要。康健知道孩子在體力方面不如別人，但他想讓孩子經受一下磨練，知道普通人和專業運動員的差別。於是，康健鼓勵孩子上了足球班。那個假期至今令康康難忘，因為那是他經歷的最艱苦的日子，每天從早到晚，都在進行高強度的訓練。從那以後，康康覺得自己比以前更勇敢了。

康健發現長期進行體育鍛煉對康康的智力發展大有好處。雖然，康康用在學習上的時間少於別人，但學習成績總是名列前茅，原因在於精力旺盛，聽課專心，作業完成速度快。即使偶爾失利，也充滿自信。後來，身高 1.80 米的康康，成為清華大學物理系的學生。畢業後，曾經擔任中央電視臺體育節目的主持人。他興趣廣泛，體格健壯，狀態良好。

（三）讓男孩喜歡上運動

運動對男孩如此重要，我們就要想方設法讓男孩喜歡上運動，要讓男孩養成良好的體育運動習慣，讓興趣和習慣成為男孩運動的推動力。

父母可以試試下面的做法：

和孩子一起觀看體育比賽。每一位老師、每一個父母都要把加強體育鍛煉作為一件大事情來考慮。3-12 歲是人形成良好習慣的關鍵期，這個時候孩子在生理上處於生長發育和素質發展的敏感期，可塑性大，所以，正是養成自覺鍛煉身體習慣的最佳機會。老師、父母要注意培養孩子對體育的興趣，可以通過和孩子一起觀看體育比賽，如 NBA、世界盃足球賽等，並教給孩子相關的競技規則。當然觀看時間與學習時間要協調好。

教孩子幾種球類活動。如乒乓球、籃球、排球、足球、羽毛球等大眾球類運動，不僅能增強孩子的運動技能，而且也在運動中培養了他的規則意識和團隊合作精神。讓孩子在球類運動當中懂得，任何運動都需要艱苦的訓練，也需要團隊合作，這樣才能取勝。如果父母在球類運動上沒有令人驕傲的技藝，那就鼓勵孩子多和同伴一起玩，或讓孩子參加一些運動訓練班，千萬不要禁止孩子參加運動。

不要給孩子壓力。讓孩子自由地運動，主要是使孩子養成良好的運動習慣，養成健康的生活方式、良好的衛生習慣，讓孩子擁有健康的體魄，所以只要孩子敢於參與就是值得鼓勵與肯定的。父母不要太在意孩子在運動中或者比賽中的名次，過分要求孩子獲得榮譽、爭面子，將會加重孩子的心理壓力，還可能使孩子厭惡體育、逃避運動。

第四章

提高男孩情商（EQ）

一個我們必須正視的事實是：男孩受到的情感困擾更多，男孩也更容易陷入情感危機之中。因此，我們要通過提高男孩的情商，來幫助男孩應對情感危機。

↳ 一、正視男孩情感健康

不管是父母，還是教師，一定要樹立這樣的認識，那就是情感對男孩同樣重要。豐富的情感並非女孩的專利，它同樣應該為廣大男孩所有。

　　我們要重視男孩的情感健康，因為男孩是為人之父，今天情感孤獨的男孩就會變成明天孤獨痛苦的男人。今天不知道如何表達憤怒的男孩明天可能就會因為憤怒而毀掉別人，也葬送自己。

　　情商，即情緒智力，指個體監控自己及他人的情緒和情感，並識別、利用這些信息調控自己的思想和行為的能力。情商主要包括三個方面：一、清晰地理解自己的情緒，準確地把握他人的情緒；二、有效調節和控制自己與他人的情緒；三、運用情緒來引導和促進思維。

　　情商對一個人的發展非常重要。許多心理學家認為：一個人未來成就的大小，起決定作用的是情商。美國心理學博士戈爾曼在其名作《情緒智力》一書中明確提出：「真正決定一個人成功與否的關鍵是情商，而非智商。」

　　美國心理學家奧列弗·溫德爾·荷爾姆斯運用情商概念，曾對美國歷史上諸位總統進行測試。他認為，富蘭克林·羅斯福總統是個二流智力、一流情商的政治家，他由此被公認為美國歷史上一個卓越的領導人；而尼克松總統擁有一流智慧，但情緒能力一團糟，故而黯然下臺。

　　情緒還影響一個人的健康。馬克思曾說過：一種美好的心情比十服良藥更能解除生理上的疲憊和痛楚。積極的情緒能提高大腦皮層的覺醒水平，通過神經生理機能，協調有機體內外的平衡。許多長壽老人的經驗表明，積極的情緒是他們長壽的原因之一。研究表明：樂觀、愉快的情緒能使人的免疫力增強，有助於恢復健康。消極的情緒則會嚴重干擾心理活動，並造成體液分泌紊亂，免疫功能下降。

　　生理學研究表明：生氣十分鐘會耗費大量人體精力，其程度不亞於參加一次 3,000 米的賽跑；生氣時的生理反應十分劇烈，分泌物比任何情緒都複雜，更具毒性，因此動不動就生氣的人很難健康，很難長壽。消極情緒對人的神經系統刺激較大，可以破壞神經系統的平衡，導致骨骼肌肉和內臟肌肉長期處於緊張狀態。有研究表明，在患肌肉疼痛的病人當中，85%是由情緒緊張引發的。消極情緒還影響人的消化系統，使人消化不良。美國一家醫院的調查數據表明，在 500 名胃腸病患者中，因情緒不良而致病的佔到 74%。消極情緒還會提高癌症、高血壓、心血管病等病的發病率，增加死亡的可能，縮短人的壽命。

男孩天性情感脆弱，而且在成長過程中，男孩的情感受到文化的人為壓抑，所以，提高男孩的情商顯得格外重要。正視男孩的情感健康是幫助男孩擺脫情感危機的第一步。

二、糾正對男孩情緒的偏見

在男孩的情感危機中，文化偏見起到了重要的作用。我們傳統的文化認為，男孩應該是勇敢的、堅強的，因此並不鼓勵男孩的情緒反應，尤其是一些消極的情緒反應，如害怕、恐懼等等。這其實是一種文化偏見，是另一種形式的性別歧視。這種文化偏見導致的直接後果就是男孩在情感方面處於不利地位，男孩往往不知道如何表達自己的消極情緒，從而給個人生活和事業埋下隱患。

要提高男孩的情商，就要先改變對男孩情緒的偏見。第一，要學會接受男孩的消極情緒。情緒是人的一種自然的、本能的反應。人不是機器人，主要是因為人類有情緒、有情感。正是不同的情緒表現使我們的世界五彩斑斕。我們要接受男孩的情緒，尤其是要學會接受男孩的消極情緒反應，把它看作為男孩對社會的一種正常反應。第二，對男孩更寬容一些。我們知道，男孩的情感天性脆弱，男孩的情緒表達和調控能力弱於女孩，所以，對男孩的情緒反應，我們不妨更寬容一些。

↳ 三、引導男孩認識情感世界

要提高男孩的情商，就要幫助男孩認識情緒情感，通過教育使男孩擺脫對自己情感世界的無知。要引導男孩認識到：

情緒是人對世界的一種本能反應，每個人都會有各種各樣的情緒反應。

情緒反應是一種複雜的生理心理過程，它既受外界刺激的影響，更受個體心理的影響。

情緒主要分為積極情緒和消極情緒，這兩種情緒對每個人都是有價值的，情緒本身並無好壞之分。

一般來說，積極情緒對個人健康有益，而消極情緒會對個體帶來危害。

每個人都可以控制情緒，做情緒的主人；每個人也可以被情緒所控制，成為情緒的奴隸。

我們的目的，是讓男孩充分認識到情緒世界的豐富。一個人只有真正認識了情緒，才能逐漸學會如何管理情緒。

↳ 四、鼓勵男孩表達情緒

受文化偏見的影響，許多父母和教師往往不鼓勵男孩的情緒表達，錯誤地把男孩的情緒表達看成"娘娘腔"，這是一種文化偏見，對男孩的情緒健康不利。

我們可以作這樣一個比喻：一個從沒用過刀的人，往往不知道刀的危害，他也不知如何用刀，當他用刀的時候，更容易受傷害。情緒也是一樣，一個從來沒有生過氣的男孩往往會不知道憤怒的危害，他更不懂得如何控制他的憤怒，當他一旦發怒時，他就可能會一發而不可收拾，因為他不知道如何控制自己的憤怒。

我們一定要認識到這一點：只有一個人能理性地表達自己的情緒，只有了解到消極情緒的危害，他才能夠真正地學會如何控制這些消極情緒。真正的勇敢並非無所畏懼，而是知難而進。

要鼓勵男孩的情緒表達，不妨這樣做：

在交流時，多使用一些描述情緒的詞。比如可以通過描述自己的情緒來引導男孩描述自己的情緒。

注意男孩的情緒變化，引導男孩描述自己的情緒及其變化。比如，當男孩放學回家以後，父母可以詢問一下他在學校的感覺。當注意到孩子情緒比較消極時，父母要引導他說出自己的感覺。

接受男孩的消極情緒表達。當男孩表現出不高興、生氣，甚至憤怒時，要學會接納這種情緒，把這看成男孩的一種本能。

五、幫助男孩學會情緒管理

　　讓男孩擺脫情感危機，還要讓男孩掌握管理情緒的方法，學會管理情緒，這是終極目標。

　　通過改變自己的認知來改變情緒體驗，這是情緒管理當中最常用的方法。

　　情緒理論認為，情緒的產生往往有三個基本的環節：刺激（A）——認知（B）——情緒反應（C）。第一個環節是刺激，主要指外部環境刺激，比如一些高興的事情，或者一些令人傷心的事情；第二個環節是認知環節，是指個體對刺激的理解，不同的人對同一刺激的理解往往是不同的，因此，同樣的刺激可以激發不同的情緒反應；第三個環節，是情緒反應，比如憤怒、高興等等。

　　情緒管理理論認為，在這三個環節當中，認知環節是關鍵，改變了認知，情緒往往就會隨之而變。比如，面對同樣的批評，不同學生有不同的認知，所產生的情緒反應截然不同。下面就是兩個例子：

（一）
A（刺激）：老師批評：怎麼又遲到了！
B（認知）：該死，老師看我不順眼，又想整我了！
C（反應）：情緒緊張，生氣，對老師沒有好感。
（二）
A（刺激）：老師批評：怎麼又遲到了！
R（認知）：老師關心我，想了解我遲到的原因。

C（反應）：情緒比較平靜，對老師有好感。

通過上面的例子，我們不難看到，要調整情緒，一般先要改變認知。認知改變了，情緒自然就改變了。

除了改變認知以外，還有其他一些幫助男孩管理情緒的方法，如：

呼吸調節法：當自己覺得很不開心的時候，閉上眼睛，深吸氣，然後把氣慢慢吐出來；再深吸氣……如此持續幾個循環。你會發現自己呼吸變得平穩，整個人也平靜下來了。

語言暗示法：語言暗示對人的心理和行為有奇妙的作用，可以告訴男孩通過一些積極的言語暗示來調節自己的情緒。

目標轉移法：有時候，當男孩陷入一種消極情緒而難以自拔時，我們不妨鼓勵他改變一下自己注意的目標，把不順心的事先放下，去做喜歡的事，如打球、游泳、看電影、聽音樂等，以度過情緒低潮期。

表情調節法：情緒會影響到我們的表情，表情反過來也會影響到我們的情緒。當感到自己不開心的時候，到鏡子面前對着自己扮鬼臉，你就可以把自己逗樂。笑一笑，十年少，就是這個道理。

一旦我們教會男孩掌握管理情緒的方法和技巧，男孩就會不斷享受良好情緒帶來的紅利，就會避免消極情緒的危害，從情感危機中走出來。

第五章

提高男孩逆商（AQ）

我們先來看一個真實的故事：

西北某自治區首府有一個 14 歲的男中學生，他和老師發生了矛盾，覺得老師態度不好，就特別想給老師製造一點麻煩。他拿着鋼筆往老師的後背甩墨水，不料被老師覺察了，轉過身來問他：“你幹什麼呢？為什麼要往我身上甩鋼筆水啊！”老師再仔細一看，說，“你看看，還甩了四滴！你想幹什麼？”

這個男孩子回答：“老師，我就甩了一滴。”

老師就更不高興了：“這不是四滴嗎？你還不承認，我看你啊就是個人渣。"

　　但是老師萬萬沒有想到，這個 14 歲的男孩子，回家就上吊了，還留了一封遺書。遺書上說："我要用我的死維護我的尊嚴，證明我就是甩了一滴墨水而不是四滴。"

　　這件事情讓老師和同學們都非常感慨。我們都知道，把一個孩子養到 14 歲，多麼的不容易，就為了證明"只甩了一滴，不是四滴"，他就選擇了去上吊，輕率地結束了自己年輕的生命，給父母和親人留下了無盡的痛苦。

　　下面是另一個真實的故事：

　　2004 年 7 月 3 日晚上，11 歲的雙胞胎哥倆宋波宋濤（化名）到一家書店看書，在離開書店時，被保安發現他們在衣服裏面藏了兩張價格為 30 元的動畫光碟，並要求罰款。當時哥倆身上帶的錢不夠，保安便將弟弟扣下，讓哥哥回去叫家長來交罰款。

　　媽媽唐芳（化名）趕到該書店後，發現小兒子宋濤被關在二樓一間儲物室內。該書店負責人稱，兩名孩子偷竊了價值 30 元的光碟，必須由唐芳繳納 300 元至 500 元保證金，並稱該保證金可以憑藉學校、派出所出具的無前科證明，將錢退還。最後經過交涉，雙方商議由唐芳交付 30 元的購物款，並繳納了 50 元罰款，把雙胞胎哥倆帶回家。

　　在回家路上，媽媽唐芳一路上責備兩孩子為什麼去偷竊，宋波宋濤哥倆羞愧得一路都默不作聲。回家後，唐芳就打電話將此事告訴遠在洋浦的丈夫。

　　當晚十點二十分左右，回到家後的雙胞胎哥倆，雙雙從自家 10 樓窗戶口跳下，當場死亡。

　　書店的處理固然有不對的地方，媽媽的教育方式也失妥當，但是不是還有更根本的原因——這雙胞胎哥倆太缺乏抗挫折能力了？

　　人們常說：人生在世，不如意者十之八九。人這一輩子，誰能不受點委屈，不經歷點挫折？在上面這兩個案例中，抗挫折能力的嚴重缺乏，是導致悲劇發生的終極原因。

　　抗挫折能力在心理學上又被稱為逆商（Adversity Quotient，縮寫為AQ），指一個人應對困難挫折的能力。美國著名學者、白宮知名商業顧問保羅‧史托茲在綜合來自當今世界數十位著名科學家的最終研究成果的基礎上，提出了自己的看法——"順境要 EQ（情商），逆境需 AQ，即逆境商數。"所謂"逆商"，就是如何認識逆境和戰勝逆境的能力，即我們常說的抗挫折能力。保羅‧史托茲教授認為人生成功，智商、情商固然重要，但在更大程度上取決於逆商。在這個瞬息萬變、險象環生的競爭時代，逆商顯得格外重要。

　　抗挫折能力就像人生的疫苗。疫苗是什麼？疫苗其實就是病素，只不過它是一種經過滅活或減毒處理後的病毒，它能像病毒一樣刺激人體的免疫系統產生免疫物質——抗體，只不過這種刺激不如真正的病毒那麼強烈，所以有些人接種疫苗後會有各種正常的、輕微的不良反應。通過疫苗的接種，我們獲得了對抗這種病毒的抗體。當我們再次接觸到這種病毒時，體內的免疫系統便會製造更多的免疫物質來阻止病毒的侵害。男孩生活中一些小的挫折就是他所需要的"疫苗"，克服這些挫折以後，他就產生了一定的免疫能力——對抗更大困難的抗體。

　　逆商是磨練出來的。男孩成長為男子漢就像由鐵變鋼的過程。鐵本性堅硬，但它缺乏韌性，稍大的外力，就容易使它斷裂。鋼不一樣，它既堅硬，又有韌性。鐵只有經過反覆錘打才能成鋼，正所謂百煉成鋼。在高溫烈火的淬燒下，在冷水的激凌下，空氣中的氧氣將生鐵中的碳或其他雜質氧化成鋼渣，從而達到鋼所需要的堅硬與柔韌。男孩如鐵，只有經過生活的磨礪，才能去除身上柔弱膽小的氣質，成長為剛柔相濟、百折不撓、頂天立地的男子漢。

性別研究專家戴特·奧藤曾這樣說[1]：

男人的角色是通過嚴酷的考驗、自己讓自己承受的折磨、對暴力行為的反覆練習以及對其他男性權威的無條件服從獲得的，在得到的過程中，必須伴隨極大的痛苦和苦難。僅僅性成熟、男人的體魄、荷爾蒙或者基因並不代表一個男子漢的誕生。

男孩只是男人的坯子，只有經過磨練才能成為有韌性的男子漢。

↳ 一、男孩的生活注定充滿挑戰

我（孫雲曉）給父母和教師講課時，經常會講一句可能不太中聽的話：

---

[1] 戴特·奧藤，男性的失靈，重慶出版社，2008 年。

我們的孩子將來肯定會要"倒黴"的。因為人生不如意十之八九，孩子將來肯定會遇到一些意想不到的困難和障礙，他的生活中注定會充滿各種各樣的挑戰和挫折。根據一項全國性的調查發現，81%的孩子在學校遭受過"語言傷害"或者"其他傷害"，對於孩子們來說，挫折是隨時可能發生的。

當男孩成長為男人時，他將面臨更多的挑戰，職場的競爭、婚戀的選擇等等無一不是人生的挑戰。在將來，隨着男性傳統優勢（如體力）的逐漸喪失，整個男性群體都面臨着更大的挑戰。

徐特立說："想不經受任何挫折而成長起來，那是神話。挫折是成長過程中的必需品。"

著名數學家華羅庚曾說："科學上沒有平坦的大道，真理的長河中有無數礁石險灘。只有不畏攀登的採藥者，才能登上高峰覓得仙草；只有不怕巨浪的弄潮兒，才能深入水底覓得驪珠。"

梁啟超也曾說過："患難困苦，是磨練人格之最高學校。"

古人云，天降大任於斯人也，必先苦其心志，勞其筋骨，餓其體膚，空乏其身。因此，讓孩子去體驗真正的生活，要孩子在磨練中成長，要孩子品嘗生活的挫折，這是萬分必要的。

↳ 二、"逆商"是磨練出來的

（一）男子漢是磨練出來的

古今中外，那些真正為人類做出貢獻的英雄人物，哪一個不是經歷千錘百煉，才成就其偉大事業的？自古英雄多磨難，紈綺子弟少偉男。

世紀偉人鄧小平就曾有過"三落三起"的傳奇經歷：一生之中，三次被打倒，又三次復出，而且一次比一次更加引人注目，一次比一次走向更大成功。

1933 年 2 月，因擁護毛澤東的正確主張，被黨內"左傾"領導人鬥爭、撤職、下放，是為"第一落"。同年 6 月，被臨時黨中央上調到中央軍委總政治部擔任秘書長，是為"第一起"。

1966 年"文革"開始後，失去一切職務，是為鄧小平之"第二落"。1973 年恢復副總理職務，是為鄧小平之"第二起"。

1976 年，中共中央政治局根據毛澤東提議，一致通過撤銷鄧小平職務，保留黨籍，是為鄧小平之"第三落"。1977 年 7 月，中共十屆三中全會全面恢復鄧小平的黨政軍領導職務，是為鄧小平之"第三起"。

正是因為他政治生涯中著名的"三落三起"，西方媒體稱他為"永遠都打不倒的小個子"。可以說：苦難可以試驗一個人的品格，非常境遇方能顯示一個人的大智大勇。

美國總統林肯的經歷也是由磨難寫成的：林肯生下來就一貧如洗，終其一生都在面對挫敗，八次競選失敗，兩次經商失敗，甚至還精神崩潰過一次。以下是有人總結的林肯成為總統之前的眾多失敗經歷：

1831 年，經商失敗。

1832 年，競選州議員 —— 但落選了。

1832 年，工作也丟了 —— 想就讀法學院，但進不去。

1833 年，向朋友借錢經商，但年底就破產了，之後花了 16 年才把債還清。

1835 年，再次競選州議員 —— 贏了！

1835 年，即將結婚時，未婚妻去世了，他的精神完全崩潰，臥病在床六個月。

1840 年，爭取成為選舉人 —— 失敗了！

1843 年，參加國會大選 —— 落選了！

1848 年，尋求國會議員連任 —— 失敗了！

1849 年，想在自己的州內擔任土地局長的工作 —— 被拒絕了！

1854 年，競選美國參議員 —— 落選了！

1858 年，再度競選美國參議員 —— 再度落敗。

1860 年，當選美國總統。

然而面對這些挫折，他選擇了堅持，最終成為美國歷史上最偉大的總統之一。

現在，叱咤風雲的商業鉅子們 —— 李嘉誠、曾憲梓、霍英東……還有阿里巴巴的馬雲，哪一個不是經歷過艱苦磨難才成就其輝煌業績的？下面就看看馬雲高考的經歷吧：

馬雲高考考了三次，才考進杭州師範學院。

1982 年，馬雲第一次參加高考，數學極其不好的他，做出了一個令人驚訝的舉動，高考志願是北京大學……高考成績出來了，他的數學成績是個奇跡 —— 1 分。

高考落榜的馬雲，開始了打工生涯。馬雲和他一個表弟一起去賓館應聘服務生，但因為自己的長相被拒絕了。最後通過找關係，馬雲才找到了一份給出版社送書的活兒。打工的馬雲，偶然讀到了路遙的小說《人生》，受故事主人公高加林的激勵，馬雲開始了艱苦的復讀……

1983 年，19 歲的馬雲再次走進了高考的考場。結果，他又栽在數學成績上，他的數學考了 19 分，總分離錄取線差 140 分。

1984 年，20 歲的馬雲毅然參加了第三次高考，這次他的數學成績是 79 分，總分離本科線差 5 分。馬雲走進了杭州師範學院，更幸運的是，他由專科升為本科。

沒有這三年的磨煉，很難有後來韌性十足的馬雲，可能也就沒有現在的阿里巴巴。

（二）磨練，誰也不能替代

父母有一種本能，希望自己的孩子少受些痛苦。許多父母，寧願自己受再多的苦，也不願讓孩子受一丁點的累。但是，父母要知道，對男孩的愛，若是以剝奪他的成長機會為代價，就不是愛子，而是害子。越是過度保護，男孩就越是脆弱。

以健康為例，在我們周圍，那些不時感冒發燒生點小病的人，往往長壽；而那些平時體壯如牛、從不生病的人，一生病往往是大病。為什麼會這樣呢？這是因為時不時生點小病的人，其免疫系統經常被啟動，經常得到鍛煉，因而警惕性高。而那些幾乎從不生病的人，其免疫系統經常處於閒置狀態，放鬆了對外界病毒的警惕，一旦病發，往往反應不過來或者反應過度。

孩子在成長的過程中，必須要經歷一些磨難，這是一種規律。酸甜苦辣都是營養，生活百味都要體驗。如果把磨難和體驗全部省略了，一切都替他包辦，看上去是順利了，是舒適了，結果卻使他軟弱而閉塞，膽怯而無能。現在有一種現象，叫"30 歲兒童"，到了而立之年，凡事仍不能自立，沒有長輩陪在身邊就惶惶不可終日。"30 歲兒童"就是缺乏磨練結出的惡果。

磨練，是男孩成長為男子漢的手段，是男孩向男子漢的晉身之階、必經之路。磨練，就像蛹羽化蝶，是誰也代替不了的。

⤷ 三、磨練男孩的韌性

（一）告訴男孩，挫折並不可怕

我（孫雲曉）再給大家講一個故事：

　　大家很可能會知道一個童話大王 —— 鄭淵潔，他的童話有《舒克和貝塔歷險記》、《皮皮魯和魯西西》等等，孩子很喜歡。鄭淵潔和我同歲，我們倆單身的時候住在一個樓裏，經常一起去跑步，我比較了解鄭淵潔。

　　鄭淵潔上小學時調皮搗蛋，除了作文以外許多科目都學習不好。而且，他還常與老師唱反調，比如，老師讓同學們寫作文"早起的鳥兒有蟲吃"，表達笨鳥先飛的主題，他卻反其道而行之 ——"早起的蟲兒被鳥吃"。老師特別反感他，說："鄭淵潔啊鄭淵潔，咱們這個班裏將來最沒有出息的人就是你！"鄭淵潔說："那可不對，我有想像力，我的作文寫得好，不可能沒出息。"

　　結果，鄭淵潔到現在最高學歷還是小學沒畢業。但是，鄭淵潔發表的童話很暢銷，還被評為北京十大傑出青年，怎麼能說他沒有出息呢！

　　有一天，我約鄭淵潔來聊天，我說鄭淵潔，你跟我說一說你成功的秘訣。他說，咱倆誰不知道誰呀，什麼秘訣，就一句話，發現自己的最佳才能區。他跟我說：我呀，別的都不行，就會寫作；寫作呢，寫小說二流水平，寫詩歌三流水平，但是，寫童話就是一流水平。因為我有想像力。寫童話對我很容易。

　　因為具有抗挫折的能力，又選擇了自己的最佳才能區，所以鄭淵潔過着快樂的日子。

　　人天生就有趨利避害的本能，會無意識地逃避那些令人感到痛苦的事情。但痛苦是人生的一部分，不如意事常八九，如果不接受它，一生都是痛苦的；如果接受它，戰勝它，人生就會豁然開朗。

　　困難和挫折，在你沒有經歷以前，感覺很可怕，但如果一旦你經歷過，你就再也不會怕它了。

　　磨練男孩，就應該從小讓他知道，困難和挫折並不可怕，可怕的是逃避這些困難和挫折。

（二）給男孩磨練的機會

　　一個孩子曾這樣寫道：

　　媽媽，請你相信，
　　我不是一隻膽小的狗。
　　在一次次摔跤之後，
　　我才能肩挑泰山走過九十九條溝。

　　我們知道，現在許多男孩之所以脆弱，之所以缺乏韌性，正是由於缺乏磨練。父母一定要清楚地認識這一點，把生活中磨練的機會還給孩子。父母不用刻意去製造磨難，生活本身就是磨練孩子的機會。

　　父母可以鼓勵並監督孩子堅持做一些他應該做、卻不願意去做的事情，比如堅持體育鍛煉，讓男孩體會到冬練三九、夏練三伏的滋味。父母還可以讓男孩走出家門校門，參加夏令營、冬令營、遠足、爬山等活動，在活動中磨練自信與堅強。

　　只要心存磨練男孩的意識，父母不難發現：生活中遍地都是磨練的機會。

　　請記住朱自清先生的一句話："要讓孩子在正路上闖，不能老讓他們像小雞似的在老母雞的翅膀底下，那是一輩子沒出息的。"

（三）“逼”男孩磨練

人天生具有好逸惡勞的本性，男孩也不例外。有時候，父母需要狠狠心，“逼”男孩磨練，在磨練中增強男孩的韌性。

香港著名商人李嘉誠富可敵國，但他很清醒，認為富家弟子更需要磨練。他是這樣磨練兒子李澤鉅、李澤楷的：

在兩個兒子很小的時候，李嘉誠就帶他們看外面的艱辛，帶他們坐電車坐巴士，又跑到路邊報紙攤檔，看小女孩邊賣報紙邊溫習功課。

當李澤鉅和李澤楷長到八九歲時，李嘉誠召開董事會，就讓兒子坐在專門設置的小椅子上列席會議。

從很小的時候起，李澤楷就沒感受到自己與普通人家的小孩子有什麼不同，他和哥哥經常與父親一起擠電車，上學也是如此。

除此之外，李嘉誠給他們的零花錢也非常少。他常常懷疑，自己的父親是否真的像別人所說的那樣富有。

為了歷練兒子，李嘉誠在哥倆十幾歲時送他們到美國讀書，讓他們獨立生活，獨自照顧自己的飲食起居。

……

李澤楷打的第一份工是在麥當勞做收銀員。每天上完課，他就來到學校附近的麥當勞餐廳，工作至深夜，再拖着疲乏的腳步回宿舍。辛苦自不待言，更難以忍受的是餐廳主管的頤指氣使，不少學生沒幹多久就辭了職，可是李澤楷默默地堅持了下來。他想，也許在以後的日子裏會碰到更令人難以容忍的事情，如果僅僅因為這一點小挫折就放棄，那麼任何事情都不可能幹得持久，也不可能幹好。

其後，李澤楷又在高爾夫球場找到了第二份兼職 —— 高爾夫球童。他背着大大的球袋，敏捷地到處奔跑，為客人們撿球。球袋將他稚嫩的肩膀壓得生疼，久而久之，右肩的肌肉被拉傷，很難再恢復。

當李澤鉅和李澤楷兄弟倆回憶起當時的經歷時，由衷地感謝父母當初的做法。現在這兄弟倆已經成為香港的新一代商界精英，李嘉誠也有了挑戰"富不過三代"的底氣。

不管對富人，還是窮人，我們的生活中不乏磨練男孩的機會，關鍵在於父母怎麼做。為了將來，磨練您的男孩吧！

結語：男兒當自強

一位教育專家這樣說："現在，一個新的世界已經在女孩面前綻放，但如果人們不幫助男孩在這裏找到落腳點，這將是一個孤獨的世界。"

我們要幫助男孩找到落腳點，幫助男孩找到在世界的定位。1R —— 責任感就是男孩的定海神針，4Q —— 學商、體商、情商和逆商則是男孩的四維坐標軸。

2009 年國慶節的一天，我（孫雲曉）與幾位朋友相聚，一對中年夫婦說起了他們正讀初三的兒子令他們喜憂參半。原來這兒子酷愛武術散打，既常常載譽歸來，也時常被打得鼻青臉腫，讓父母心疼不已。可是，兒子卻充滿自信，決不退縮，指着傷痕驕傲地說："這不是一般人能有的光榮顏色，我一定會贏的！"我對那位男孩充滿敬意，因為他是一位真正的男孩，他的拚搏精神正是男子漢的希望所在，雖然不一定非要走習武之路。

"天行健，君子以自強不息。"除了外界的支持和幫助，男孩也應通過自己主動的探索與努力，在這個多變的世界中找準自己的位置，讓自己早日成長為真正的男子漢！

附錄一：
給男孩父母的 50 條建議

1. 父母是教養男孩的第一責任人，父母是防止男孩危機的最後一道防線。
2. 男孩既需要 "窮養"，也需要 "富養"。"窮養" 指不能過分滿足孩子的物質需求，"富養" 指精神世界要充分的滋養。
3. 引導孩子確定自己的人生或生活目標，是拯救男孩的切入點。小時候，孩子需要父母幫助確定目標，中學時期，孩子需要自己確定目標。
4. 對於晚熟的男孩，父母可以考慮讓男孩晚一年上學。
5. 父母要學會對男孩說 "不"，一般從兩歲時，就要開始制止男孩的不合理行為，男孩特別需要父母溫和而堅定的管教。
6. 男孩是激勵性動物，父母要多看男孩的優點，關注孩子的優點，他的優點會越來越多，缺點越來越少。
7. 男孩需要表揚和鼓勵，年幼的孩子需要父母經常告訴他 "你真棒"，小學高年級及中學階段的男孩，父母需要多表揚男孩的堅持和努力。
8. 男孩是興趣動物，男孩的培養，應從激發孩子的興趣開始。
9. 男孩需要自由的時間，需要發呆發愣的時間，不要把男孩的時間填的過滿。
10. 如果男孩的學習成績因為發育晚而落後，父母一定要學會保護孩子的自尊心和自信心，要多寬容男孩，多鼓勵男孩。
11. 教育好男孩，要從了解男孩開始。父母有責任了解男孩與女孩不一樣的特點，樹立 "因性施教" 的理念。

12. 男孩需要足夠的關愛，但不需要溺愛，溺愛會危害男孩的獨立性和責任感的發展。

13. 父母在生活中一定要把握好度，要滿足男孩的基本需求，但不能過度滿足，要有意識地培養孩子的自制能力。

14. 男孩宜"放養"，不宜"圈養"，"放養"長大的男孩敢闖敢幹，勇於承擔責任，"圈養"長大的男孩膽小怕事，遇事退縮，難成大器。

15. 作為雄性，男孩天性好動，父母要學會寬容這種特點，並創造條件讓男孩的好動需求得到滿足或釋放。

16. 男孩天性中有不服從的成分。父母要明確地告知孩子什麼該做，什麼不該做。

17. 男孩的生命其實比女孩更脆弱。男孩成長為男子漢，就像脆而硬的鐵變成堅而韌的鋼，是需要經過鍛煉才堅強起來的。

18. 明智的母親應該明白：再好的母親也難以代替代父親的作用，男孩的成長特別需要父親的陪伴。

19. 父親是男孩的第一個男子漢榜樣，兒子是看着父親的背影學習如何成為一個男人的。

20. 父親在培養男孩的行為控制方面起着關鍵作用，如果沒有父親的指導和引領，男孩容易出現各種暴力行為和其他各種反社會行為。請父親們做好孩子的行為表率。

21. 父親要勇於表達自己對兒子的愛，愛需要表達出來："兒子，我愛你！"

22. 不在兒子身邊時，父親也可以讓兒子感受到自己的關愛，一個電話，一個短信或微信，一張明信片都可以成為愛的載體。

23. 無論在家裏還是學校，男孩身邊不能都是女性，男孩需要有足夠多的成年男性作為榜樣。

24. 母親是男孩安全感的重要來源，母親要學會用欣賞的目光，接納男孩與自己不一樣的性別特點和行為方式。

25. 母親要多鼓勵兒子的獨立，鼓勵兒子更多的運動。

26. 父母要多鼓勵男孩的情感表達，千萬不要用"男子漢有淚不輕彈"來壓抑男孩的情感表達，真正的男子漢是有血有肉、有情有義的。

27. 男孩更需要學習如何表達情緒，當男孩恐懼或憤怒時，不要教訓他，要鼓勵和引導他說出自己的感受。

28. 父母要告訴男孩：真正的勇敢不是無所畏懼，而是知難而進，有勇有謀才是真正的男子漢。

29. 男孩天性更喜歡冒險，尊重男孩的這種天性，引導這種天性以安全的形式、在父母監控的情形下進行，如在有專業運動保護的場所進行極限運動。

30. 運動是男孩的天性，父母應該從小就引導孩子嘗試各種運動，讓孩子喜歡上運動，培養愛運動的好習慣。

31. 如果發現男孩在學校運動不足，放學後最重要的安排就是讓男孩運動一小時，這樣男孩才可能進入良性循環狀態。

32. 男孩特別需要戶外活動，父母要多帶孩子進行戶外活動，爬山、釣魚等是許多男孩喜歡的好項目。

33. 男孩天生並不討厭學習，但男孩更有可能因為興趣而學習，要讓男孩學習好，從培養男孩的學習興趣着手。

34. 男孩具有更強烈的競爭心理，在生活和學習中，要學習如何引起這種競爭心理，讓男孩奮發上進。

35. 男孩特別需要一個好的榜樣作指引，最好給男孩找一個身邊的好榜樣。也可以在孩子敬仰的歷史英雄人物和今天的時代英雄中找一個作為孩子的榜樣，與孩子一起了解這個人物的成長事跡。

36. 男孩特別需要體驗，把生活中犯錯誤的機會原原本本地還給孩子，孩子就會從錯誤中成長，增長人生智慧。

37. 男孩從小就喜歡動手操作，男孩擅長的學習方式是動手、操作和體驗，多給男孩創造動手的機會，家裏的廢舊物品就可以是孩子動手的良好媒介。

38. 給男孩選擇課外書的自由，讓他先從自己喜歡的書開始，不妨從探險類、幻想類、戰爭類、武打類等男孩喜歡的作品開始，如《哈里波特》系列。

39. 酸甜苦辣都是營養，別剝奪孩子品嚐"苦"和"辣"的機會，男孩需要磨練。父母要敢於對孩子說不，培養男孩的抗挫折能力。

40. 培養親情和培養男子漢並不是矛盾的，父母要經常擁抱兒子，親情的滿足會給孩子以力量。

41. 當男孩叛逆的時候，父母要以柔克剛，傾聽孩子的心聲，接受其合理的要求，以理服人拒絕其不合理的要求。

42. 積極鼓勵男孩參加夏令營、運動隊和各種社會實踐活動，因為男孩最需要參與體驗性活動。

43. 不贊成男孩女性化的傾向，但鼓勵男孩學習女孩的優點，因為具有兩性優點的人是現代社會最為理想的人。

44. 要告訴男孩，與別人發生矛盾的時候，除了動手打架之外，還有更好的解決手段，如溝通、協商、談判等等。

45. 父母要從小就培養男孩的責任感，根據男孩的年齡及能力，要求孩子承擔力所能及的責任。父母要記住：責任感是在承擔責任的過程中培養起來的。

46. 沒有勞動崗位或者明確的任務，就難以培養孩子的責任心。因此，要給男孩確定勞動崗位或者明確的任務。從尊重和孝敬母親開始，務必培養男孩養成尊重女孩的良好習慣，女生優先是男生文明修養的要素。

47. 隨着年齡增長，逐漸增加男孩承擔責任的機會。可以從自我管理做起，逐漸讓他承擔起自己應負的責任。

48. 父母影響男孩的主要途徑有兩個，一是言傳，二是身教，父母們要謹言慎行，為男孩做好示範。

49. 教養男孩父母要抓住兩個關鍵點，一是關愛，二是管教，理想的父母是嚴慈相濟的，嚴在該嚴處，愛在細微中。

50. 父母是男孩教育的第一責任人和第一任老師，父母要做好男孩的好榜樣，通過言傳身教積極引導男孩的健康成長

附錄二：
男孩如何教養——李文道對話諸富祥彥[1]

李文道，首都師範大學副教授
諸富祥彥，日本明治大學文學部教授

李文道：　諸富祥彥先生，非常歡迎您來到中山出席 2015 家庭教育國際論
　　　　　壇。我是李文道，曾經和孫雲曉先生寫過兩本書，一本是《男
　　　　　孩危機 ?!》，另外一本是《女孩危機 ?!》。我們的對話正式開
　　　　　始。諸富祥彥先生，您是一位父親嗎？

諸富祥彥：是的，我有一個孩子。

李文道：　下面男孩養育的問題，您覺得在日本的男孩成長過程中最大的
　　　　　難點是什麼？

諸富祥彥：如果在學校的時候，男孩比較 "安泰"（日語），然後到了社會
　　　　　就是一個難題。現在在日本找工作非常難，哪怕找到工作，現
　　　　　實也是非常嚴峻的。有很多男青年連女朋友都找不到，也不能
　　　　　結婚。

李文道：　您的意思是學校的好男孩，走向社會時可能會面對更大的困
　　　　　難？在中國也有類似的情況，好男孩不一定能夠變成有競爭力

---

① 2015 年 10 月 31 日，由在廣東省中山市舉行的由中國教育學會主辦的 "2015 年家庭教育國際論壇"
　　期間，李文道對諸富祥彥先生就男孩女孩的教養進行了採訪式的探討，本文即採訪整理後的結果。

的好男人。

諸富祥彥：也有反過來的，有些小孩到超市里偷東西，告訴老師是可以的，但不能告訴媽媽。他在家裏表現為一個好孩子，所以在超市里偷東西的孩子，警察、學校都知道，但只有家裏不知道。

李文道：您講到養育男孩有兩個關鍵時期，一是童年，二是 22 歲至 35 歲之間。我特別想了解男孩在童年時期的教育有哪些特別需要注意的地方。

諸富祥彥：最重要的是母親的情緒不穩定就會讓孩子不安心。當然男孩、女孩都一樣，但對男孩而言更為重要。

李文道：有沒有數據表明，如果媽媽生了男孩後，產後抑鬱症的可能性更高。

諸富祥彥：雖然現在馬上想不出，以後這種數據可能會有。

李文道：我特別關注的一個現象是，你講到 25 歲至 29 歲的日本男人當中，有 30% 一輩子不結婚？這是很嚴重的現象，日本的人口問題跟這個現象是否有關？

諸富祥彥：對，有關。特別讓人感到驚訝的是，18 歲至 22 歲的日本男孩有 1/3，也就是 30% 的男人對女性的身體不感興趣，或者是感到厭惡。

李文道：這就是所謂的 “草食男” 現象嗎？男性不願意結婚、女性不願意生孩子，導致了比較嚴重的少子化現象？

諸富祥彥：96% 的女性希望男性主動告白，65% 的男性希望女性主動告白。不管男女，都希望對方主動告白，都在等待。我們調查的結果顯示，配偶中有 57% 都是女性主動告白的。也就是說由女性主動告白的配偶比較多。

李文道： 再一個問題，在中國學校裏差生大多數都是男孩子，在日本的學校是這樣的嗎？

諸富祥彥：一樣的。

李文道： 中國男孩的學業成績從小學到中學，甚至到大學都比女孩要差，日本的情況是否這樣？

諸富祥彥：一樣的。

李文道： 你認為這個原因是什麼？

諸富祥彥：以前一直以來都是這樣。一，精神不夠集中；二，不夠勤奮；三，不夠持久。

李文道： 我們把這種現象稱為"男孩危機"，您認為其中重要的原因是男孩在生理和心理比女孩晚熟嗎？

諸富祥彥：是這樣的，男孩比較晚。

李文道： 男孩的體質陷入某種形式的危機。

諸富祥彥：日本也是如此。

李文道： 日本男孩的體質好像要好一些，譬如我看到一些圖片，在冬天雪地裏面，男孩、女孩都可以光着上身運動。

諸富祥彥：並不普遍，這可能是特殊的案例。

李文道： 日本男孩的體質在上升還是下降？

諸富祥彥：在下降。

李文道： 也在下降？日本有沒有一些相關的舉措拯救男孩？

諸富祥彥：好像沒有特別的舉措。

李文道： 中國的父母特別關注自己男孩的男子漢氣概，日本有"娘娘腔"的現象嗎？

諸富祥彥：日本也一樣，也有所謂的"草食系男子"。

李文道：　　　您覺得中性化或者母性化是社會的趨勢？

諸富祥彥：人類社會成熟的話，對多樣性的寬容是成熟的標誌。我覺得這是中國及日本文化成熟的標誌、證據。男孩必須像男孩，女孩必須像女孩，這種要求在發展中國家是需要的。中國和日本的文化和社會已經成熟了，應該允許、寬容這種多樣化。

李文道：　　　你認為作為一個男性最重要的個性或者心理素質是什麼？

諸富祥彥：男孩進入社會後要能工作。我要求廢除男孩學校，因為男校的男孩子在初中、高中沒有跟女性接觸，所以他一輩子都很苦、很累。根據哈佛大學的調查，在男校畢業的學生，跟一輩子抽煙一樣，他的壽命會縮短。

李文道：　　　但有這樣的現象，在英國很傳統的學校，如伊頓公學的男生培養模式好像是很成功的。

諸富祥彥：我也並不是反對，但他們的生理健康有可能受影響。

李文道：　　　我還關注父親在男孩成長中的作用，您認為一個父親對男孩的成長有什麼影響？

諸富祥彥：我認為當孩子做某種不被允許的事情時，父親要明確告訴他"這樣做不可以"，這是父親的作用。但現在很多父親不敢說"不行"，態度非常友好的父親在增加。

李文道：　　　過於溫和而缺少嚴厲？

諸富祥彥：就像朋友一樣的親子關係。

李文道：　　　父親的愛是有條件的 —— 以孩子完成自己的目標為條件，日本的父親是這樣的嗎？

諸富祥彥：對的。

李文道：　　　日本人裏面有沒有這種現象，爸爸整天忙於工作、加班，孩子主要是由媽媽來照看。

諸富祥彥： 有，這種家庭很多。

李文道： 如果這樣的話，對孩子的成長，尤其是男孩子的成長會有什麼樣不好的影響嗎？

諸富祥彥： 沒有什麼特別。但是現在 30 多歲的父親、母親都不加班，下班之後會儘快回到家裏來，這種家庭在增加。中國有沒有男性不上班，把自己關在家裏不出門的現象？

李文道： 這種情況有，中國有一個特殊的名詞叫“宅男”。

諸富祥彥： 可能跟“宅男”還不一樣，而是如果不在家裏就會陷入人生的危機的情況？

李文道： 可能有另外一個詞，叫“啃老男”，就是在家裏面不出去工作，依靠父母來生活。用網絡可以滿足自己的社交需要，甚至日常生活的需要。

諸富祥彥： 我在心理輔導的過程中，發現一些人不出門的，就宅在家裏的現象。一直呆在家裏不出去的人，大部分是因為父親小時候對他管教得太嚴。所以我覺得跟管得太嚴的父親相比，管得溫和比管得過嚴得要好一些。

李文道： 過於嚴厲的管教對孩子的成長不好？

諸富祥彥： 是的。

李文道： 母親對一個男孩的成長有什麼樣的作用？

諸富祥彥： 安心和安定。

李文道： 安心和安定？是情緒和心理上的？

諸富祥彥： 對。你知道恢復力嗎？

李文道： 知道。

諸富祥彥： 現在，日本人認為最重要的教育就是讓孩子具有恢復力，就是說父母給他無條件的愛，這種孩子的恢復力會強。哪怕失敗了幾次都沒關係，對於孩子來說，恢復力是最大的財富。

李文道： 如果父母無條件地支持孩子，是否會讓孩子形成依賴，而喪失了獨立性？

諸富祥彥： 也許會有這種情況，但相比不支持孩子造成的傷害而言，損害更少。

李文道： 現今一個男孩要成長為一個真正的男人，最重要的品質是什麼？

諸富祥彥： 我覺得是跟異性的關係。

李文道： 您是指戀愛跟婚姻？

諸富祥彥： 是的。

李文道： 您對在 21 世紀要做一個好父親有什麼想法？

諸富祥彥： 首先不要經常玩手機，而且父母要開心。如果父母不幸的話，小孩會在潛意識裏認為自己不能比父母更幸福。父母享受生活，對孩子將來是最好的財富。

李文道： 非常感謝諸富祥彥先生。